中华先贤人物故事汇

柳宗元

钟志辉 著

中华书局

图书在版编目（CIP）数据

柳宗元/钟志辉著. —北京：中华书局，2023.5（2024.12重印）
（中华先贤人物故事汇）
ISBN 978-7-101-15982-0

Ⅰ.柳…　Ⅱ.钟…　Ⅲ.柳宗元(773~819)-生平事迹
Ⅳ.K825.6

中国版本图书馆 CIP 数据核字（2022）第 211808 号

书　　名　柳宗元
著　　者　钟志辉
丛 书 名　中华先贤人物故事汇
责任编辑　董邦冠
美术总监　张　旺
封面绘画　冯　戈
内文插图　余晟文
责任印制　管　斌
出版发行　中华书局
　　　　　（北京市丰台区太平桥西里 38 号　100073）
　　　　　http://www.zhbc.com.cn
　　　　　E-mail：zhbc@zhbc.com.cn
印　　刷　三河市宏达印刷有限公司
版　　次　2023 年 5 月第 1 版
　　　　　2024 年 12 月第 7 次印刷
规　　格　开本/787×1092 毫米　1/32
　　　　　印张 4⅜　插页 2　字数 50 千字
印　　数　15001-18000 册
国际书号　ISBN 978-7-101-15982-0
定　　价　20.00 元

出版说明

孔子周游列国，创立儒家学说；张骞出使西域，开辟丝绸之路；书圣王羲之，留下了曲水流觞的佳话；诗仙李白，写下了"举头望明月，低头思故乡"的名篇；王安石为纠正时弊，推行变法；李时珍广集博采，躬亲实践，编撰医药学名著《本草纲目》……

这些杰出的历史人物，有的是在中华民族文明进程中做出过突出贡献、对后世产生过巨大影响的思想家、政治家，有的是对中华优秀传统文化的传承传播发挥过重大作用的文学家、艺术家、科学家，有的是为国家安定统一、民族融合团结和中外文化交流做出过杰出贡献的军事家、外交家……他们为中华民族的繁荣发展做出了伟大的贡献，他们的行为事迹、风范品格为当世楷模，并垂范后世。

他们是中华民族的先贤人物。他们的思想、品德、事迹，是中华优秀传统文化的结晶；他们的故事，是对中华民族的禀赋、特点和气质最生动、最鲜活的阐释；他们的名字，在五千年中华文明史上最为光彩夺目；他们为五千年中华文明史书写了最为光辉灿烂的篇章。

为了解先贤，走近先贤，我们精心组织编写了这套《中华先贤人物故事汇》丛书，以翔实可靠的史料为依据，细腻动人的故事为载体，真实地呈现中华先贤人物的事迹、品格和精神风貌，彰显他们的贡献和功绩，激发人们对国家民族的热爱，对中华文明、中华优秀传统文化的崇敬。

开卷有益，期待这套丛书成为你的良师益友。

目 录

导 读

　　柳宗元（773—819），字子厚，唐代著名文学家、思想家，"唐宋八大家"之一。

　　柳宗元的幼年时期是在长安度过的，他的父亲柳镇长年仕宦外地，柳宗元在母亲卢氏的教育下读书作文。德宗兴元元年（784），因为躲避泾原兵变，年仅十二岁的柳宗元随家人南下投奔在夏口的父亲，但在夏口再次经历李希烈部将发起的战乱。此后一二年间，他又因父亲的任职调动而游历长沙、江州。年少时期的这些经历，对于柳宗元形成反对战争、反对分裂国家、关心民生的思想，起到了非常关键的作用。

　　德宗贞元九年（793），柳宗元在经历了三次应举失败后，终于进士及第，并于三年后中博学宏词科，随后正式进入仕途，历任集贤殿正字、蓝田县尉等品阶较低的官职，这为他切近观察政治形势、体验官场状况、了解长安民情提供了便利条件。贞元十九年（803），柳宗元任监察御史里行，转礼部员外郎。因为结识权臣王叔文的关系，他与刘禹锡等"二王八司马"在顺宗的支持下，发起短暂的"永贞革新"。然而当他们试图铲除长期严重扰乱唐王朝政治的宦官集团时，遭到了对方无情的反扑，最终"永贞革新"宣告失败，柳宗元的命运从此走向充满悲剧性的下半场。他被贬谪为永州司马近十年，再改柳州刺史，在他四十七岁那一年，走到了生命的终点，死在了柳州，再也没有回到心心念念的故乡。

虽然长期贬谪的生活让柳宗元非常苦闷，但是他始终没有丧失儒家士人的操守与良知。贬谪期间，他积极创作诗文以抒发情志，并主张言之有物、文以载道的创作理念，留下了一批优秀的诗文作品。在柳州期间，他为当地的民生、文化、教育事业做出了重要贡献。在他去世后，当地百姓在罗池立庙祭祀，以表达对这位勤政为民的好官员的哀思与感激。

年少多艰

一

这是唐代宗大历十四年（779）的夏天。长安县主簿柳镇这段时间以来一直忙于繁杂的政务，虽然他在长安城内有一处祖宅，但是因为俸禄微薄，居长安不易，便把妻儿安置到长安城附近沣川的一个小庄园里，算起来，他已经快一个月没有见到妻子卢氏和儿子宗元了。这一天恰好是休沐日，他便向县令告假，骑着自己的老马向城外的庄园而去。

听到门外鸡犬乱叫以及越来越近的马蹄声，卢夫人就猜到是丈夫回来了，连忙迎出门去，果然见到丈夫熟悉的身影。他虽然风尘仆仆，神情疲倦，但是一脸笑容。柳镇跨下马来，手里提着鼓鼓的布囊："夫人，这段时间太忙了，今天才有空回家。你看，我给你们买了新鲜的糕点。"

"夫君真是辛苦了。"卢氏笑盈盈地接过布囊，交给一旁的仆人，就随着丈夫走进屋里。

刚坐定，柳镇四处看了看，问："元儿呢？他怎么不出来迎接我？"

正在给他端水的卢氏笑笑说："元儿写完了字，背完了今天的书，我就让他姐姐们带他到果园里去玩了。"

"这孩子，还是喜欢玩。"柳镇端起茶盏，喝了口茶，问道，"对了，他这段时间学习怎么样？"

"元儿越来越自觉了，虽然也好玩，但是没有耽误他每天写字、读书，你看看方桌上放着他刚刚写完的字，是不是有进步？"

柳镇起身走到桌前，拿起一叠整整齐齐的藤纸，上面就是柳宗元写的楷书，虽然还有些歪歪扭扭，但是看得出来，他写得很认真，一笔一划都不懈怠。柳镇随意翻看了几张，都是如此，顿时深感欣慰，便把藤纸放回，端起茶盏，又喝起茶来：
"元儿写字确实有进步，夫人这段时间辛苦了。"

卢氏说道："元儿很懂事，你不在的这段时间，他常说要用功写字，还说要成为像董仲舒、司马相如那样的人，想要成就大事业。"

"哦，是吗？有志气！你给他讲了《史记》？"

"是啊，晚上的时候，他老缠着我给他讲故事。我想让他长点见识也好，所以就按照列传的顺序，一个个给他讲，没想到听完之后，他还能把故事复述出来。他现在背《诗经》，背得也很快。"

柳镇放下茶盏，哈哈一笑："很好很好，我儿虽小，就已如此聪慧，未来大有可期。"说到这里，柳镇像是突然想起什么事，脸色郑重地跟卢氏说："夫人，我前几天打听到，吏部可能要派我到宣城上任了。"

柳镇在长安主簿任上做了好几年了，按照规定，任满将要调任。柳镇希望能改授他宣城县令，以方便照顾在吴地的母亲。至于妻儿，恐怕只能安置在京城了。卢氏自然知道丈夫的意愿，虽然心里十分不舍，但却没有表现出这种情绪，只是问：

"时间确定了吗?"

"应该是最近的事了,吏部的告身下来之后,就要动身了。我现在比较担心的是你们,我这一去少则三四年,多则十来年,不知道何日回长安。元儿他们的教育,以后只能多辛苦夫人了。"

看到卢氏露出忧虑的神色,柳镇便安慰她:"夫人无须忧虑,你知书博学,七岁时就通《诗经》《列女传》,这些年又饱读史籍和诸子百家之书,完全有能力把他们教育好。元儿是可塑之才,再过两年,可以教他作诗赋,为进士试做准备。若他能早点中举,那便更好了。"

柳镇长叹一口气,望着屋外,不再说话。

柳镇年轻时已颇有名气,曾经在平定安史之乱的大功臣郭子仪的幕府做过掌书记,这是需要有高超的文才才能胜任的职位,但这段经历只给了他过得去的俸禄和声名,没有给他的仕途带来任何帮助。幕府工作结束后,柳镇还是只能回到家里等待吏部铨选。

柳镇还是一个刚正不阿、练达政务的官员。然而直到他的儿子长到三四岁,柳镇还只是长安县主簿。他内心也渐渐明白，自己缺乏权贵的支持，仕途上很难有大作为，这辈子所能达到的高度，已经是可以预料的了。但是柳宗元现在已展现出的过人的聪慧，让柳镇又看到了希望。

看着丈夫头发中夹杂的白发，卢氏感到一阵心疼，但一时之间又不知怎么安慰他，只能强作平静地说："夫君放心，你去宣城好好侍奉阿母，我会好好教育元儿的。"

看到妻子如此通情达理，柳镇心内一热，握着卢氏的手："你也照顾好自己！"

没多久，柳镇就接到了宣城县令的告身，便南下了。当时，柳宗元才七岁。此后四五年时间里，他一直都是在母亲卢氏的陪伴、教育下成长。正如柳镇所言，卢氏是知书达理之人，她给柳宗元提供了良好的家庭教育。由于柳氏家族家道中落，家境并不太好，而书价又贵，购书不易，所以卢氏便把自己记忆的汉大赋默写下来，教他学习、诵读。卢氏还想尽办法搜集经史子集，供柳宗元研读。柳宗元对文学的兴趣就从这里慢慢萌芽。

唐德宗建中二年（781），一场席卷黄河南北两岸的战争打破了柳宗元和母亲的安定生活，这场战争史称"四镇之乱"。才九岁的柳宗元，就渐渐体验到世事的艰难。

唐朝节度使的任命权本来在朝廷手中，安史之乱之后，河北各藩镇自成体系，不服从朝廷管辖，经常蔑视朝廷权威。在藩镇内部，往往是父亲死后，儿子自立为节度使。唐王朝此时尚未从安史之乱的创伤中恢复过来，不想再次引起战事，只能向河北节度使擅权自立的行为妥协，这又使河北诸镇越发骄横。

成德节度使李宝臣去世后，他的儿子李惟岳准备效仿河北诸镇的做法，继承父亲的节度使之位。李惟岳上表请求朝廷允许他继任节度使职位，被唐德宗拒绝。李惟岳恼羞成怒，便联合魏博节度使田悦、山南东道节度使梁崇义、淄青节度使李正己反叛朝廷。唐德宗早已经有所防备，迅速调动军队，对四镇各个击破。李惟岳战败被杀，梁崇义也畏罪自杀。

四镇之乱到这里似乎可以告一段落，然而，因为朝廷对有功之臣赏赐不公，局势再次发生重大转折。

在讨伐梁崇义的战争中，淮西节度使李希烈功劳最大，被朝廷封为宰相，但是他贪心不足，想借机霸占原先梁崇义管辖的地方。朝廷看穿了他的阴谋，于是另外派人担任襄阳节度使，接管梁崇义原先控制的山南东道。李希烈心怀不满，纵兵掠夺襄阳，之后扬长而去。朝廷对他无可奈何。之后卢龙军节度使朱滔、淄青节度使李纳（李正己之子）等人又发动叛乱，朝廷不得已命令李希烈率兵讨伐。李希烈本就骄横，又因襄阳之事有了不臣之心，于是利用这个机会，私下与朱滔、李纳等人勾结，反叛朝廷，并一举攻占汝州、邓州等地。唐德宗下令各地节度使讨伐李希烈。一时之间，战火又在唐王朝大半个疆域重燃。

柳镇因为出差，从鄂州回到京城，办完公事，与家里人短暂相聚之后，又匆匆返回鄂州。在那一两个月的时间里，柳家没有柳镇的任何音讯，阴云一直笼罩在他们的心头。

一天深夜，柳宗元做梦突然惊醒，却发现厅堂案台上的蜡烛还亮着，女红放在案台上，母亲正托腮坐在桌前，烛光照着她的脸。柳宗元看清了她脸上的忧虑。柳宗元走到母亲面前，看到她眼窝深陷，脸颊比以前瘦削很多，还带着泪痕。他吃了一惊，问道："阿母，你为什么不睡觉？你为什么哭？"

卢氏擦了擦泪，然后伸手抚摸着柳宗元的头发，"元儿，我担心你的父亲，他去了一个多月了，至今还没有寄回家书。"

"以前父亲在外任职，一个月也就寄一次书信，偶尔是两个月一次，为什么这次这么担心呢？"

"元儿，你不知道。你父亲从家里返回鄂州，现在贼人李希烈带兵作乱，你父亲正好要经过战乱的地方。我就怕他万一有什么闪失，落入贼人之手，你父亲的性格那么刚直，肯定不会屈服于贼军，恐怕就……"还未说完，眼泪已经落了下来。

柳宗元拉住自己的袖口帮母亲擦掉眼泪，说道："阿母不用担心，我相信父亲会平安的，说不定明天就会有书信送来。"

看着儿子稚嫩的脸上露出坚定的表情，想到他才十岁，就已经如此善解人意，卢氏感到十分欣慰，她勉强挤出笑容来："元儿，你说得对，你父

柳宗元帮母亲擦掉眼泪，说道："阿母不用担心，我相信父亲会平安的。"

亲肯定会平安的，明天就会收到他的书信。"

烛光轻轻地摇曳，暖和地照在母子俩的脸上。外面的世界或许风声鹤唳，或许山河破碎，但掩不住一家人相濡以沫的温情。

几天后，一封书信送到了卢氏手上，卢氏看到丈夫熟悉的笔迹，一颗悬着的心终于放下了，马上叫来孩子们，把书信念给他们听。念完后，一家人忍不住喜极而泣。柳宗元看到母亲和姐姐脸上露出一个多月未见的笑容，心里也非常高兴。

命运也是从这里撕下了自己温情的面纱，开始展露残酷的一面。不久，柳宗元家人便听到了更令他们感到惊慌的消息：泾原兵变。

二

这天上午，柳宗元在门庭前读书，母亲和两个姐姐在一旁一边做女红一边说笑，忽然听到邻居家人声嘈杂。柳宗元抬头看去，是邻居家两个在长安作胥吏的儿子回来了，只见他们神色仓皇，显得有些焦虑，正激动地跟家里人议论。周围的邻居逐渐被吸引过来，柳宗元他们也放下手头的东西，凑上去打听。

只听邻居家大哥说道："李希烈带了三万贼兵，把哥舒曜困在襄城（今河南许昌），还把前来救援的官军给打败了。如果李希烈把襄城攻破，那么汴州就危险了！你们想想，南方的钱谷要送到长安，汴水可是最便捷的道路，李希烈就是要阻断这条路，让朝廷的赋税收不上来。这样朝廷就没有钱粮给军队了，李希烈就能称霸了！"

一个年老的邻居插了一句："泾原节度使姚令言本来要带着军队去讨伐李希烈，结果反倒成了内乱的事是真的？"

大哥看了一下老人，回道："没错。他带的这五千军队，据说都拖家带口。"

"为什么还带着家属同行呢？"

"目的不很明显吗？他们要经过长安，以为会见到圣上，圣上看到他们为朝廷出力，就会给他们赏赐。朝廷的赏赐据说历来不少，好多士兵的家人都指着这个生活呢！"

"但是这次没有见到圣上，圣上也没有派人犒赏他们吗？"

"问题就出在这里。泾原军到长安的时候，正下着大雨，天气很冷，他们左等右等，也不见朝廷有任何赏赐的意思。直到他们将要离开京城了，才等到前来犒劳的京兆尹。你们知道赏的是什么吗？听说就是一顿饭菜，还粗糙得很。"

"这也太吝啬了吧，怎么说也得有一顿好酒好肉招待吧？"

"所以士兵们看到后，都非常愤怒，踢翻了食台和锅碗瓢盆，大闹军营，最后他们浩浩荡荡，涌回京城，冲向皇宫，要去洗劫琼林、大盈库。据说圣上都出了京城，现在已经到了奉天（今陕西乾县）了。"

"京城不是有军队吗？难道没有出来阻挡他们？"

"京城军队里的兵，都是城里游手好闲的人，根本就没有受过什么训练，一看到正儿八经的军队，就吓得屁滚尿流了，听说根本就没去护驾。皇宫里的禁军也都出去打仗了。所以泾原兵一路上几乎没遇到什么阻碍，长安城和皇宫现在已经落到他们手里了！不过，他们先去抢劫了皇家的宝库。我听那些士兵聊天，说里边堆满了绫罗绸缎和金银财宝，有些掉在地上都落满了灰。他们很生气，说朝廷宁愿钱财化成灰，都不愿意把这些拿出来犒赏他们。"

大哥咽了下口水，继续说道："不过我觉得，他们的目标很明显，就是抢劫皇家的宝库，对于长安城的老百姓，倒是秋毫无犯。他们洗劫了宝库后，据说集体去太尉朱泚家里，把他拥为统帅，要他称帝。朱泚已经自称大秦皇帝，这会正要派兵去攻打奉天。还好我跑得快，要是再晚一点，就回不来了。"

"他们会打到我们这里来吗？"一个邻居紧张地问道。

大哥一摊手："这个就说不准了，但你们家里要是有值钱的东西，就赶紧藏好。能躲的就躲吧。不跟你们说了，我要收拾收拾东西，带家里人去我丈人家躲一阵。"说完，转身就进去了。留下一群惊慌失措的邻居，在那里议论纷纷。

对于带着儿子和两个女儿的卢氏来说，没有比这更令人感到忧虑的消息了。她担心战争一旦波及这里，自己完全没有能力保护儿子和女儿，她内心的恐慌无以复加。恰在此时，她收到柳镇的家书。原来柳镇也听到泾原兵变的消息，担心战乱波及家人，急急忙忙寄了家书。他建议卢氏携子女南下至鄂州避难，因为柳镇正在鄂州刺史李兼处做团练判官，李兼在夏口刚刚成功击退了李希烈的军队。从当时的情形来看，鄂州比京城更安全。

卢氏当机立断，连忙召集儿女，收拾家里的细软，次日一早，带着柳氏姐弟匆匆南逃，随行的还有两个家里的男仆役。

南下鄂州会经过李希烈的地盘，柳宗元他们只能绕道，走比较迂回的路线。沿途奔波自不用说，还经常提心吊胆，生怕遭到李希烈军队的侵扰。一路上，柳宗元看到很多逃难的百姓，携家带口，衣衫褴褛。很多人正在沿路乞讨，他们一个个面黄肌瘦，一看就知道是饿了很多天了。路边时不时可以看到饿死者的尸体。这让年少的柳宗元受到了强烈的震撼。在路上，他经常想起母亲教他诵读的汉末王粲的《七哀诗》：

西京乱无象，豺虎方遘患。复弃中国去，委身适荆蛮。亲戚对我悲，朋友相追攀。出门无所见，白骨蔽平原。路有饥妇人，抱子弃草间。顾闻号泣声，挥涕独不还。"未知身死处，何能两相完？"驱马弃之去，不忍听此言。

　　这首诗讲的就是因为战乱，王粲从长安逃难到荆州，一路只见白骨累累，百姓因为饥饿而抛弃幼子的人间惨状。这与柳宗元的一路见闻，实在太相似了。

　　好不容易到了鄂州夏口，一家人团聚，本以为可以过上安定的生活，孰料战争的阴云再次弥漫在夏口的上空。这时，李希烈的铁鞭指向江南，而夏口是他南下必经的要地。

　　长江北岸的黄州、蕲州已经被李希烈侵占，南岸则属于唐王朝。如果李希烈渡江攻占鄂州等地，那么他不仅能够切断唐王朝最后的物资供应渠道，同时还可以乘流而下，攻占江南地区。因此，在夏口，李希烈与唐军展开了激烈的争夺。第一次攻打夏口，李希烈因轻敌没有派出精锐部队，时任鄂州、岳州、沔州三州防御使兼鄂州刺史的李兼轻松击退了敌军。当兵败的消息传来，李希烈才反应过来，便不敢再大意。兴元元年（784），李希烈派出骁将董待名，招募了七千多敢死兵，誓要拿下夏口。

一时之间，鄂州上空黑云压城，城内城外人心惶惶。李兼迎来了他军事生涯中最重要的考验，由此带来的危机感，席卷了李兼幕府的每一个人，包括柳镇，也包括刚到夏口而惊魂未定的柳宗元。

董待名兵临城下的时候，李兼本想闭门不出，消耗对方的锐气。但是董待名想速战速决，他拆毁民房，将屋梁、门框等木材堆积在城门口，然后纵火焚烧，利用顺风之便，将火势送到夏口城。烈焰呼呼地灼烧着城墙与城门，眼看就要烧到城里。

听到外面的喊杀声，柳宗元站在家门口张望。只见城外浓烟滚滚，燃烧的灰烬铺天盖地，飘进城内，掉落在街道、屋顶、行人的身上。周围人的脸上都写满了恐慌，柳宗元内心也非常害怕，他既担心正在前线的父亲，又担心万一敌军攻破城门，城

听到外面的喊杀声，柳宗元站在家门口张望。只见城外浓烟滚滚，燃烧的灰烬铺天盖地。

里的百姓就会遭殃。

正在前线指挥作战的李兼听到火烧城门发出的噼里啪啦的声音，心急如焚，城门被烧坏，敌人就会趁势攻进来，而现在城里的军队又无法逆火出战，简直就是坐以待毙。纵使他身经百战，在这个时候也无计可施。

说来也巧，这时，风向突然调转了一百八十度，火势转身直冲向董待名的军营。董待名招募的敢死队虽然勇悍，看到熊熊的火焰向自己扑面而来，也吓得惊慌失措，四处乱窜。李兼抓住这个时机，立刻跨马握戟，带兵出城，冲向溃不成军的敌人，很快就把他们打得落荒而逃，成功保卫了夏口。

夏口保卫战的意义重大，它不仅保障了城中百姓的安全，还阻挡了李希烈攻略东南的步伐，避免了南方的赋税落入叛军之手，从而为朝廷反击并平定李希烈奠定了基础。

这场战争也给柳宗元留下了深刻的印象。在与父亲的交流中，他认识到造成百姓颠沛流离、家破人亡，造成国家战乱连连的罪魁祸首之一就是藩镇割据。他想到自己年幼时就已熟读的《昭明文选》中收录的陆机《五等论》，陆机在文中极力鼓吹封邦建国的合理性，当时不谙世事的他还深以为然。但是经历过四镇之乱、泾原兵变以及李希烈叛乱，柳宗元认识到，这些节度使都是效仿古代的诸侯，拥兵自强，割据土地，一旦得势，便开始猖狂骄横，分裂国家，侵犯地方，给国民造成巨大的灾难。尤其是安史之乱后不断爆发的战争、叛乱，都说明藩镇制度违背时代发展大势，不符合国家和百姓的利益。

科场坎坷

一

唐德宗贞元九年（793）二月的一天，北方依然春寒凛冽。清晨时分，天边隐隐约约还挂着昨夜月亮的轮廓，长安城内的老百姓大多还躺在暖和的被窝里，偶尔有一两家的窗户透出油灯的光，那是要起早出摊的小商贩正在忙碌。

朱雀门北正街上，突然传来一阵击鼓打钟的声音，唤醒了长安城。这段日子，正是朝廷的大考之期。这天早上，朱雀大街上很早就人声鼎沸，喧闹异常。成百上千个身穿麻衣的举人，急忙忙涌到礼部贡院外东墙的榜单下。榜头上竖贴了黄纸四张，用淡墨写着"礼部贡院"四个大字，原来这天是科举放榜日。

人越聚越多，那堵只有丈余宽的专门用来张贴榜单的墙，一下子就被围了个水泄不通。无论后来者身材多么高大，也再难看到榜单上公示的内容。外围的人开始嚷嚷："里边的人能不能把榜单上的名字念出来，我们看不到！"于是有些热心的举人干脆大声念出榜单的名字：苑论、穆寂、幸南容……

在熙熙攘攘的人群外，两个二十岁左右的青年，先后听到里边的人念出"柳宗元、刘禹锡"，先是一阵惊愕，互相盯着对方，似乎希望能从对方眼神中确定自己没有听错。旋即疑惑的表情转为狂喜，稍显年长的那个握住另一个的手，一遍遍地喊道："中了，中了，子厚兄，我们考中了！"被称作子厚的那个年轻人已经激动得潸然泪下，哽咽无语。

两个人当中，子厚就是柳宗元，另一位是洛阳人刘禹锡。同在榜单上的举人们闻声前来，互相道贺，拉扯着一起去长安城最好的酒肆，嚷嚷着要店里的胡姬拿出最清纯的美酒，端上最丰盛的佳肴，他们要放肆地庆祝，放肆地痛饮。

在前往酒肆的途中，柳宗元偶尔会碰到同居于一个客栈或同在一个考场的举人。这些人没有那么幸运，知道自己考试落第的结果后，正拖着迟缓的步伐，垂头丧气地在大街上走着。看到这个场景，柳宗元不禁感慨万千，往事不堪回首，如果时间倒退到一年、两年前，他就是那个默默走在街边的人，那时候的他虽然年轻，但对于未来，内心充满了惶惑。

柳宗元在十七岁那一年就参加科举，他年少气盛，志在必得。谁知道造化弄人，他竟然连续三次落第，其间经历的焦虑、惶惑、悲观自是不必说。时光荏苒，他终于在二十一岁这年及第，在旁人看来是年轻有为，但是对于他来说，等这一天等得实在太久了。

正当柳宗元在为自己、也为他人感慨时，同行的一些年纪稍大的举人凑上来，与柳宗元搭讪。互通姓名后，有人说："恭喜子厚兄，看你的样貌，应该还很年轻。"柳宗元答道："诸位同年，同喜同喜！鄙人今年二十有一。"唐人习称同年及第者为同年或先辈。

"这正是大好年纪，子厚兄是年少有为！"

柳宗元谦虚一笑，"各位仁兄见笑，说来惭愧，我过去五年考了四次，才勉强及第。"

"这有什么！'三十老明经，五十少进士'，你刚过弱冠之年，正是大好年纪。不像我们，都快四十了。""就是，考四次算什么，我都考了十来次了。""我们这些人，虽然是中举了，但是以后的仕途肯定不如你。你看啊，我们要经过三四年的守选，才有机会从九品官作起，做了一任官，再守选几年，幸运的话，才能晋升到八品。要想进成为五品，那得熬三十多年，到时候我们都七老八十了，你才四五十岁，真是令人羡慕！""以后我们的子女，就托付给你了，哈哈哈！"

柳宗元赶紧向他们叉手："诸位先辈千万不要如此谦虚，我们既然是同年，以后请多多提携关照！"

正说话间，一群人就到了酒肆。太阳渐渐升高，阳光笼罩着长安城，驱散了春寒，照得人身上暖烘烘的，眼前的长安道，在阳光的照耀下，显现出从来没有过的宽阔和平坦。

二

按照当时的习俗，举人进士及第后，照例还要参加一些礼节和仪式，如拜主考官、参谒宰相以及参加宴集。

主考官与同一年及第的进士之间存在着座主和门生的关系。彼此之间原来非亲非故，但是通过考试，他们就建立了深厚的情谊。进士们能否及第，座主是有决定权的，日后他们想要在仕途上发展，往往也要依赖座主，与此同时，考官也把进士们当作自己以后的政治资源。

柳宗元随众多同年一起拜见座主，也就是时任户部侍郎的顾少连。从状元开始，各自按序通报姓名，并自道家世，表达对座主的感恩。座主则表达一番期待，勉励他们以后做官能够上不负朝廷，下不负百姓。随后，顾侍郎在家里安排了酒席，宴请诸位进士。

一番觥筹交错之后，大家已经喝得微醺，原本拘谨的氛围变得轻松起来。顾侍郎突然问柳宗元："你可知道，昨天我去上朝，皇帝问了我什么吗？"柳宗元自然是不知道，忙道："请恩公告知。"顾侍郎道："我向皇帝禀报今年的科举情况，皇帝突然问我，这次中举的可有朝官之子。我把在座各位的家世大体情况向皇帝汇报了。谈到令尊的时候，皇帝异常高兴，说：'柳镇不就是秉公执法，嫉恶如仇，因此得罪了窦参的那个人吗？我记得他。他儿子考试，没有做什么营私的事吧？'我说没有。皇帝听完之后，更高兴了，说：'我就相信他不会为了儿子违法犯法，是一个好官，值得嘉奖'。"

　　说完，顾侍郎向柳宗元竖起拇指，道："令尊是个好官！我很佩服！"听到皇帝对父亲的嘉奖以及顾侍郎的肯定，又想到父亲宁愿得罪贬官也不愿违背良心而遭遇的不幸，柳宗元不禁眼眶一热。

　　顾少连转向其他进士，扬声说道："诸位后进都是有真才实学之人，都没有权贵为你们通融。不过话说回来，即便有人帮你们通融，在我这里也走不通。我是为皇帝、为国家选拔未来的栋梁之材，不是为那些舞权弄势之徒选士！"

顾少连又指着柳宗元对大家继续说道："你们可知柳侍御的事迹？"众人左右相顾，均摇头说不知。顾少连略感失望，不过转念一想，这些进士大都出身寒素，没有亲友在朝做官，不了解此事也在情理之中。为了表彰这样一位直臣的精神，勉励这些未来的官员们，顾少连便把他所了解到的故事告诉大家。柳宗元自己也忍不住想起了父亲的往事。

柳镇仕途坎坷，一直到五十多岁才做上殿中侍御史这个比较清要的官职。在这个官位上，只要他能稍稍学会逢迎权贵，便能获得他们的器重，日后升迁也就更加顺畅。然而，他刚上任，就碰到了一个非常棘手的难题。

原来的陕州观察使卢岳在娶妻之后，又纳了一个裴姓女子为妾，并生了一个儿子。卢岳去世后，他的元配就与裴氏因为分割家产产生了纠纷。卢妻仗着自己是明媒正娶，裴氏只不过是没有名分的小妾，所以就企图霸占所有财产，一丝一毫也不愿意分给裴氏。两人因此发生了剧烈的争吵，闹得不可开交。

　　裴氏无奈，只好向朝廷告状，孰料卢妻竟然先打点好了朝中高官。负责此事的御史中丞卢佋也收了贿赂，他先是装模作样调查了一番，最后直接给裴氏定了个重罪。卢佋的副手穆赞却是一个正直清廉的好官，面对上司的徇私枉法，他毅然提出了反对意见，认为裴氏的诉求是合理的，不应该承担莫须有的罪名。

　　卢佋没有想到自己的下属竟然如此不识相，自然是怒不可遏，于是仗着自己有宰相窦参的撑腰，就给穆赞捏造了一个受贿的罪名，轻易地把他送进了监狱。穆赞的弟弟深知哥哥是无辜的，于是跑到大明宫含元殿外挝鼓鸣冤，惊动了德宗皇帝。德宗下令三司复审，御史台便派出柳镇参与此案。

　　这个案件非常棘手，一方面，坊间早已传闻穆赞是无辜被害，如果柳镇畏惧强权，不敢秉公执法、洗刷穆赞的冤屈的话，必然会遭到天下人的鄙视和唾骂；另一方面，如果平反了穆赞的冤案，就会得罪窦参，而窦参又是德宗的宠臣，这样一来，柳镇头上的乌纱帽就难保了，甚至还可能招来杀身之祸。

柳镇为人素来刚正不阿，不畏强权，即便受到权相、高官的干扰，他依然秉公查案，最后为穆赞平反了冤案。既然穆赞是被冤枉的，大家都以为他应该被无罪释放，官复原职。没想到的是，窦参竟然再次给穆赞捏造了一个罪名，把他贬到郴州去了。

同时，柳镇因为得罪了窦参、卢佋，没过多久，也被他们找了借口贬到西南的夔州。这对于柳氏家族而言，无疑是一个巨大的打击。当柳镇启程前往夔州的时候，一家人抱头痛哭。好不容易迎来团聚的柳家，却又要再次面临生死难测的分离。当时柳宗元十七岁，他万万没有想到，经常诵读的杜甫所写自己流落夔州时"夔府孤城落日斜，每依北斗望京华"的情景，竟然要发生在父亲身上。

送别父亲的时候，柳宗元依依不舍，送了一二百里路，一直送到蓝田关。当时正是寒冬腊月，凛冽的寒风搅动满天的飞雪，通向未知远方的大路上白茫茫一片。远处萧条的山峰上只剩灰色的枯枝，徒劳突兀地直立着，苍茫天地间只有他们父子二人。

想到此去一别，不知何时才能回归，柳镇忍不住悲从中来，抱着这个几年前就跟着自己到处漂泊的爱子说道："元儿，为父一生不曾做过有亏于道义之事，今日落得如此下场，虽然无悔，但是想到又要与你们分别，内心真是悲痛，这段时间，我的眼泪也流光了。我希望你在家能尽心侍候你母亲，用心读书，继续参加科举。"顿了顿，擦拭了一下眼泪，蹲下身，双手拍了拍柳宗元稍显单薄的肩膀，说道："也许你会遭遇不公，但是要相信公道自在人心。"柳宗元早已流泪满面，哽咽无语，只能拼命点头。

柳镇此去，一直到三年后，窦参因罪被贬，他的冤屈才得以昭雪，被召回朝廷。为了嘉奖他昔日的刚正不阿，皇帝特意授以侍御史的官职，并在授官的诏书中盛赞他"守正为心，疾恶不惧"。手捧诏书的柳镇，忍不住泪如雨下。

进士们听完顾少连讲述的故事，不禁感慨唏嘘，为了表达对柳镇的敬意，他们纷纷向柳宗元敬酒。柳宗元感到非常骄傲，父亲的形象在他心中更

柳镇擦拭了一下眼泪，双手拍了拍柳宗元稍显单薄的肩膀。

加光辉起来，他暗自激励自己，日后踏入仕途，定要继承父风，做一个好官。

大家走出顾侍郎家门后，其中一个进士对同年说道："你们知道刚才顾侍郎说他不为权势之徒选士的意思吗？"

众人均说不知道。他向四周望了望，压低声音说道："据说顾侍郎因为这次知贡举，得罪了不少人。"

"为什么？"

"因为他拒绝了很多权贵的请托，而且把他们的子弟、亲戚都黜落了。这些人一个都没中。"

"这些就是破坏科举的人，没有能力，就想走后门，活该被黜落。"

"话是这么说，侍郎能如此铁面无私，真的是很不容易。不然，我们这些人也不会中举了。"

"是啊，顾侍郎真是我们的恩人。虽然我们都是凭实力考中进士，然而如果不是他的公平正直，我们这些没有背景的孤门寒士，怎么能出头呢？"

一旁的柳宗元恍然大悟，终于知道他为什么之前考了那么多次都没有中举了，原来不是他文章写得不好，而是因为有太多权贵在干扰主考官，中举的名额都被他们侵占了，像自己这样没有什么靠山的寒素子弟，自然就只有落第的结果。想到这里，他对顾侍郎又多了几分感恩。

三

拜谢了座主和谒见宰相后，对于举人们来说，最愉快的事情就是参加在曲江举行的宴会。

这一天，柳宗元与刘禹锡等数人早早相约，要结伴前往位于长安城东南角的曲江。途中有一个同行的进士问道："我们今日参加曲江宴，大会新及第的进士，不过，诸位先辈可知曲江宴最初是为什么举办的吗？"

"难道不是为了庆祝进士及第而办的吗？"

"非也！说来就有点心酸了，它原是为了安慰那些落第的举子而举行的简单宴集，大家借此机会互相宽慰、勉励对方，释放内心的痛苦。后来不知怎么变成今天这样的及第举人的庆祝，落第的举人反倒不参加了，所以说我们是反客为主，鸠占鹊巢。"

众人一阵大笑。

"诸位先辈，如果有还没有成家的，待会到了曲江边上，可要特别注意江边停着的车马了。"

"为什么要特别注意车马？"

"你不知道了吧？今日可不仅仅是你我的盛会，它还是京城公卿百官择婿的好时机。他们有时候还带着自己的女儿前来，看到哪位先辈器宇不凡、相貌堂堂，说不定就选他为东床快婿呢。要是被选中了，那就仕途无忧了。"

"何止这个，据说有时候圣上也会来观看宴会。不过他是在曲江南边的紫云楼垂帘观看，如果待会我们听到紫云楼上有奏乐的话，十有八九就是圣上在那里。要是能得到圣上青睐，那就真是要飞黄腾达了！"

"你这是痴人做梦！你想想，曲江边上游人如织，圣上看到的你，就如蝼蚁般大小，如何还能给你青睐。"

谈笑间，大家便到了曲江边。走进人群，众人便觉得如同上元节长安赏灯一般，到处都是士女攒聚，车马填塞。商贩早已获知今日会举行宴集，早早就选好地方，摆上各种珍玩、瓜果，吸引着来往的行人。四处传来的此起彼伏的歌声、弦乐声、鼓声，声声直击人的心灵。想到刚刚同行人说的话，柳宗元望了望紫云楼，却看到楼上没有人，看来圣上没有亲临，想到自己不能一睹圣颜，不禁略感失望，但旋即又被热闹的歌舞声给感染了，不由自主地感到兴奋起来。

当所有及第进士都到齐后，隆重的大宴便在曲江亭上开始了。伴随着一旁悠扬的管弦之音和歌姬的舞乐，众人纷纷举杯，互相道喜祝贺。刚开始气氛还略显拘谨，酒过三巡后，彼此便放松了，杯盏往来，开怀畅饮。路人经过的时候，都忍不住驻足观望，脸上充满了赞许和羡慕，纷纷笑着对旁边的人说道："这些都是天之骄子，十年寒窗，不容易啊！""若干年后，朝中的宰相或者要员，说不定出自这些举人呢！"听觉敏锐的进士听到他们说话，热情地邀请他们同饮，一些好热闹的游客欣然加入其中，气氛便更加热烈了。

曲江大会后，举人们移步到曲江西边的杏园，参加另一场活动，俗称"探花"。他们会从新及第的进士中选出两名俊少，让他们骑着马游遍长安各处的园林，去采摘名花，此外，还会有好事的游客加入其中。如果被游客抢先采摘到牡丹或者芍药，那么这两个人就会被罚酒。孟郊《登科后》："昔日龌龊不堪言，今朝放荡思无涯。春风得意马蹄疾，一日看尽长安花。"写的就是探花的心情。可惜这次选的两个俊少，曲江大会后不胜酒力，连上马的力气都没有了，只能乖乖认罚。众人对着他们好一阵戏耍，才放过他们。

探花宴之后，就是慈恩寺塔题名。众人相互搀扶，拥挤着来到塔下。只听见有人高声喊道："慈恩寺塔题名，非比寻常，在这里题名，被大家视作登仙籍，题名上去的，会受到后来的举人顶礼膜拜，所以我们要推选一个书法好的人来题写，大家有没有合适的人选？"

话音刚落，便有人喊道："谈元茂书法遒丽清健，可以执笔！"众人纷纷表示赞同。谈元茂便站出来，对着众人朗声说道："诸位先辈请把各自的郡望和名讳告知我，我来一一题写。"众人

探花宴之后，就是慈恩寺塔题名。众人相互搀扶，拥挤着来到塔下。

按照礼部榜单上的名录先后告知谈元茂，由他题写在塔上。

长安城的礼节和仪式结束后，柳宗元就回到了京西的家里。刚进门，看到母亲站在那里，柳宗元本想向她报喜，可是看到她脸上挂着戚容，内心一惊，产生了一种不祥的预感："阿母，发生什么事了？"

"元儿，你可算是回来了。我们收到了你进士及第的帖子，都很高兴。可是现在你父亲病了，躺在床上好几天。你快去看看他！"

柳宗元放下行李，匆匆走进父亲的房间，看到父亲正斜躺在床上，背靠着枕头。听到声音，柳镇慢慢转过头来，见是柳宗元，眼睛一亮，苍白的脸上露出了笑容："元儿，你回来了。你中举了，为父真高兴。"

看到父亲，柳宗元大吃一惊，想不到一个月不见，父亲竟然病得如此严重。"父亲，你怎么突然生病了！孩儿不孝，这几天光顾着应酬各种礼节，我应该早点回来的。"

"元儿，没有关系，你中举了，这些应酬都

是要参加的，这是一生中难得荣耀的时刻啊。"说着，柳镇用手撑了撑床，试图坐直一点，柳宗元赶紧伸出双手，从后边抱住他的腰，把他扶起来。柳镇坐定了，继续说道："我年轻的时候没有考中进士，所以没有资格参加曲江大会，很遗憾。你现在算是完成了为父的一个心愿了。"

柳宗元握住柳镇的手，哽咽无语。

柳镇突然一阵猛烈咳嗽，喘过来气后，对着柳宗元说道："元儿，我这辈子没有实现振兴柳家的愿望，这是我最大的遗憾。你现在还年轻，又中了进士，家族的希望就在你身上了，你要答应我，做出一番大事业来，以慰列祖列宗！"柳宗元紧紧地握住父亲的手，拼命地点头："父亲放心，儿子一定努力！"

"郎中也跟我说了，我的病怕是好不了了，以后你阿母，就交给你了。"柳镇说完，长叹了一口气。

柳宗元强忍着泪水："父亲，你不要这么说，你生的是小病，很快就会好的。"

柳镇抽出手，抚摸了柳宗元的脸，慈祥地

笑了。

几天后，柳镇便在儿子的怀里，溘然长逝。

四

贞元十一年（795），柳宗元参加博学宏词科。两年前中进士后，柳宗元的文章在长安城得到很多人的重视，这给他带来了很多信心，因而中博学宏词科，几乎是他志在必得的事情。然而，命运又给他带来残酷的考验，他自信前去，却铩羽而归。放榜那天，看到中举者在榜单前欢呼道喜，而自己却只能在一旁黯然神伤，那情形似乎又是进士落榜时的复现。

这天，已是暮春时节，料峭的春寒渐渐消散，闷热的天气按捺不住澎湃的激情，正在渗透长安城内外的每一个角落。暖风吹动着嫩绿的柳枝，悠然地摇摆着。窗外莺啼声阵阵，掠过盛开的桃花，传入了千家万户。

柳宗元正在家里，与前不久刚刚完婚的妻子杨氏闲坐。考试落第给他带来的挫败感还没有消去，他的脸上还带着愁容。贤良的杨氏在一旁默默地做着女红，心里想的是如何才能安慰自己的丈夫。门外忽然响起一阵鸡犬声，紧接着就是熟悉的声音传来："子厚兄，在家吗？"柳宗元一听就知道是刘禹锡来了，起身去迎接，杨氏与刘禹锡打了声招呼后，就转身到厨房去煎茶。

刘禹锡进士及第两年后，又中了吏部的书判拔萃科，被授予太子校书郎的职位。校书郎虽只有九品，却是很有前途的官职，公务也比较少。听说好友落第后，刘禹锡便利用休沐的时间到柳宗元家里看望他。自从成为进士同年后，两人志同道合，成了无话不说的挚友。所以柳宗元看到刘禹锡到来，脸上的愁容一扫而光，拉着他坐下聊天。

寒暄之后，谈起了柳宗元落第之事。刘禹锡替他抱不平："以子厚兄的高才，取个功名就如同探囊取物，差就差在没有权贵作奥援，主考官也不像之前的顾侍郎那么清廉公正。你看看这次录取的，有多少是权门子弟！"

柳宗元长叹了一声，道："我原以为一定能考中的，孰料朝廷竟然中途换了主考官。时也，命也。"

刘禹锡问道:"原先的主考官,是大理卿崔儆吗?"

柳宗元点点头,"原先朝廷命定他主考博学宏词科,但是还没等到考试,朝廷就把他调到大理寺去了。新任的主考官,我与他素无交情。"

刘禹锡恍然大悟:"此前兄就与我说过,崔大卿极为欣赏你的文章,说有西汉之风。如果是他主试,你考中那是不在话下的。怎料到竟如此遗憾!"边说边拍大腿,惋惜之情溢于言表,"子厚兄的才华,世人都是认可的,但时运不济,不过也莫放在心上,明年再战,必定能中。"

柳宗元苦笑一声:"借你吉言,我自然会更加勤恳,以备来年之试。话说,虽然崔大卿没有主试,他与我也没有座主门生之谊,但是他可以说是我的文章知己,他日我还是要修书一封,感谢这份知遇之情。"

刘禹锡点点头:"兄所言极是。像我们这些出身低微的人,写的文章能得到这些朝廷大臣的肯定和推扬,那是极其难得的。"

距离吃饭还有一段时间,刘禹锡提议到外面看看春日的风光，柳宗元欣然答应，便与刘禹锡到住家附近的河边散步。只见桃花正在怒放，游蜂戏蝶，衬托出春天的生机勃勃，道路两旁槐树新绿，枝上鸟儿穿梭，时不时发出欢快的啼叫声，二人的心情变得愉快起来。

刘禹锡向柳宗元叙说了他在做校书郎时候的见闻和经历，柳宗元问道："梦得（刘禹锡的字）兄，与我们同时中进士的，按理来说应该都出来做官了，可知道他们的去处？"

"我所知道的大部分都已经做官了，有些留在京城，在朝廷或者京兆府任职，有些就到地方，做县尉、主簿等小官。看到他们的状态，我有时候颇感失望。"

"这是为何？"

"虽然是刚刚入仕，但大家似乎都很焦虑，唯恐升迁得太慢，因而想尽办法干谒权贵，请托高官，希望得到援引。很少有人去考虑如何革除政治上、社会上的弊端。"

柳宗元虽然尚未入仕，但是朝政的种种问题，他也是有所耳闻的。听到刘禹锡的叙说后，他表示深有同感："冰冻三尺，非一日之寒。现在的状况，是由很多原因的造成的。从小处说，是个人意愿的问题；从大处来说，则与现在的风气有关。"

"说来听听。"

"从小处来说，人心不同，志向也不同。有些人目光短浅，只是为了考个功名，志向稍微大一些的，就是希望能在朝廷做官，不至于沦落在底层。有些人只有名利之心，他们羡慕权贵的身份与地位，只想着成为将相，实际上没有任何抱负。我所佩服的，是那些真正有大才，又时刻以苍生为念的人。"

"子厚兄所说，我极为赞同，这也是在今日藩镇跋扈、宦官专权、国家多难的时局下，我辈应有的抱负。可惜啊，我所看到的同辈，甚少有这样的宏愿。"刘禹锡说完，激动地踢了一脚路边的小石子，石子扑通一声掉入河中，原本平静的水面，溅起一阵涟漪，四散开来。

柳宗元望着晃动的水面，说道："今日的时局，就如同这水面，需要一块大石头打破它，把底下肮脏龌龊的污水搅动起来，在太阳底下曝晒，让世人瞧瞧，都有谁在扰乱这个国家。"

刘禹锡若有所思，弯腰捡起一块更大的石头，抛入河中，看着它砸破水面，溅起一片水花，他转头问柳宗元："改变当下之局势，子厚兄可有想法？"

柳宗元苦笑一声："我一介布衣，有想法也难以施行。不过，症结所在，你我都是清楚的，经学教育必须要改革，不能再像以前那样，只专注于章句训诂，这种保守陈旧的风气，完全背离了经世致用的意义。这种风气训练出来的人，都是不通世变、不关心现实的书呆子。"

说完，望着远方连绵的山脉，挺了挺腰，继续说道："梦得兄是了解我的，我自小就仰慕历史上那些有雄才大略、有大作为的人。我这几年求仕虽然经历不少坎坷，内心也着实沮丧，但是我未改初衷，得失穷通不过一时之事，关键在于入仕之后能做什么。我们绝不能像你说的那些庸碌之人一样，只追求仕宦名位，痴迷于衣马轻肥，不思进取。"

刘禹锡点点头："我原以为子厚经过这些挫折，会丧失奋斗的志向，现在看来，是我多虑了。你的才华远在我之上，现在只是暂时遭遇困境。且忍耐些时日，必然会有乘风而起、一鸣惊人的时候。到时候我们携手做出一番大事业来。"说完，用力拍了拍柳宗元的肩膀。

面对好友真诚的信任与鼓励，柳宗元不觉眼眶一热，但他迅速控制自己的情绪，笑了一下："得之不加荣，丧之不加忧。这是我从《庄子》中学来的道理。我定当勤恳自强，不负兄之厚望。"

太阳已升至当空，明媚暖和的阳光沐浴着两个年轻人的身心。长安城内外的人群熙熙攘攘，在这里，悲欢离合的故事太过普通，但是刘禹锡与柳宗元在年轻时期的守望相助，却成为各自生命中最重要的记忆。

为仕长安

一

　　皇天不负苦心人，柳宗元在贞元十二年（796）第二次参加博学宏词后就中举了，这一年，他二十四岁。从此他走上了仕途的快车道，先被授予集贤殿正字，再被授予蓝田县尉，接着担任监察御史里行、礼部员外郎。

　　正字的品阶不高，处于九品序列中的末端，但对于唐代人来说，这是一个很有前途的入仕起点。在集贤殿正字任上，柳宗元负责编辑皇家藏书与搜集散逸的经典。集贤殿丰富的典籍，为柳宗元在工作之余的读书、治学与创作提供了便利的条件。同时，集贤殿隶属于权力中心中书省，这也为柳宗元深入了解唐王朝的政治运作提供了便利。

在他任正字没多久，京城就发生了一件大事：国子司业阳城被贬谪为道州刺史，而作为这件事的前奏，是陆贽被罢免宰相之职。这两件事都与奸相裴延龄有关，在士大夫中间产生了很大的影响。

泾原兵变后，唐德宗李适被迫逃难到奉天。在此之前，唐德宗虽然想改革弊病重重的朝政，扭转唐王朝在安史之乱后的衰颓之势，然而由于他用人不当，加上连年对藩镇作战，导致国库空虚。为了弥补财用不足，他不惜增加赋税，实行所谓的间架税（根据百姓房屋的等级与间数来收税）与除陌钱（不论公私买卖，朝廷都从中征收百分之五的税钱）。这虽然在短时间内解决了军用不足的问题，但却加重了百姓的负担，致使民怨日深。

泾原兵变发生后，唐德宗被赶出京城，他的威望受到了重创，一时之间，唐王朝又再次陷入风雨飘摇的险境。所幸的是，在一批忠心耿耿的文臣武将的积极抵抗与反击之下，唐王朝终于打败了叛军，收复两都，唐德宗得以回到长安。在这个过程中，陆贽所起到的作用非常关键。他始终跟随唐德宗，冒着杀头的危险，向德宗死谏，并进献化解困境的谋略。陆贽虽然没有带兵杀敌，但是他凭借自己的谋略与才华，取得了不亚于李晟、马燧、浑瑊等重要武将的功绩。

德宗回到长安后，陆贽曾一度升任宰相，天下人都期待朝政会展现出新的气象来，孰料唐德宗却做了一件令朝野失望的事情，就是任用裴延龄为户部侍郎。裴延龄本无理财之能，但是他却能凭借虚张名目的手段获得皇帝的重视。王朝赋税原来统一储藏于左藏库，裴延龄认为这不便核对盈虚，所以将其拆分为负库、胜库、季库、月库，以储藏钱物，然后通过在这四库间腾挪转换的方式，增加仓库账面上的数字，但实际的钱物却没有变化。令人意外的是，裴延龄玩的数字游戏，众人皆知是欺诈，但却成功地瞒过了唐德宗。裴延龄还曾把仅仅长有数亩芦苇的湿地夸张为数百顷的陂泽之地，建议德宗把它开辟为御马房夏季牧马之地。起初，唐德宗相信了他的话，但在与宰相们商议这件事情的时候，宰相们都认为裴延龄所言为假。德宗于是派人去调查，发现裴延龄果然是欺诈，但德宗竟也不怪罪他。

泾原兵变后，唐王朝为了抵御时常来骚扰边境的吐蕃，在盐州、凉州新建军镇，并招募新兵在当地屯守。这些军镇地理位置偏远，依赖于朝廷定期补充输送的军需，确保至少有半年以上的粮食储备，才能保障他们完成抵御外敌的重任。

裴延龄担任户部侍郎后，两地军镇物资匮乏，多次向朝廷告急求援。德宗深感震惊，于是质问裴延龄，裴延龄信誓旦旦地向德宗保证，两地的物资储备至少能供应一年以上。后来经过调查，再次证实裴延龄的欺瞒，德宗对他依然没有任何责怪的意思，恩宠如旧。究其原因，是唐德宗越来越强烈的物欲，与裴延龄一味投上所好的行为两相契合，德宗把裴延龄当作善于生财致富、能满足自己所需的能臣，给予极大的信任。

朝廷的有识之士早就看出裴延龄的奸险狡诈，纷纷上疏弹劾，揭穿裴延龄的阴谋，奈何德宗就是听不进去，反而把众人的弹劾看作是裴延龄孤直忠贞而招人忌恨的结果。得到皇帝的宠信，裴延龄做事便更加肆无忌惮，不断弄虚作假，聚敛财富。

陆贽原本希望德宗在经历泾原兵变后能够励精图治，中兴唐祚，孰料德宗却染上历代昏君所共有的恶习。在深思熟虑之下，陆贽决定上疏弹劾裴延龄。陆贽的上疏洋洋洒洒上万言，揭露裴延龄七大罪，同时也批判了德宗不辨忠奸、耽于享乐的行为。

陆贽的上疏，反倒激起了德宗对陆贽的猜疑和忌惮。在他看来，皇帝的权威受到了宰相的挑战，他不顾众人反对，毫不留情地罢免了陆贽的宰相之位。

陆贽被罢免后，他的政敌也没有善罢甘休。裴延龄处处捏造罪名，诋毁陆贽。德宗于是下诏，诛杀陆贽及其同党。孰料诏令刚下，以谏议大夫阳城为中心的谏官群体，聚集在延英殿门口，集体上书弹劾裴延龄之奸佞，坚称陆贽等人无罪。最后由太子，即后来的顺宗出面，才劝说德宗赦免了陆贽的死罪，将他贬谪到道州，这次事件才算平息。不过，德宗对于带头闹事的阳城极为不满，后来找了一个理由把他降官为国子司业。

这些事件发生在柳宗元中博学宏词科前几年。当时柳宗元没有官职在身，与京城的官员交往较少，但这不妨碍他对这些事件有充分而深入的了解。他能感受到民众对于时政的忧虑、对皇帝刚愎自用的失望，不过，他更被陆贽、阳城等人刚正不阿、敢于死谏的精神打动，在他看来，这是儒家士大夫最宝贵的品质与操守。

在他任职集贤殿正字后没多久，京城再次上演了抗议风波，这次规模更大，事件的主角仍然是国子司业阳城。起因是太学生薛约因为议论时政，言语之中有过激之处，被人举报，导致他被朝廷流放到岭南的连州（今广东连州）。

当时薛约是客居长安，在京城居无定所，到了流放日期，押送他的台吏却四处找不到人。台吏找来薛约的同学打听，才知道这几天薛约都是住在阳城家里。于是他们匆匆赶到阳城家里，让阳城的家仆进去通报他们的来意。阳城面带戚容地走出来，与台吏寒暄之后，也不请他们入内喝茶，只是让他们在门口候着，说他进去把薛约带出来。

台吏虽有不满，也只好在门口坐等，突然听到里边传出阳城的声音："薛约，今日一别，你我不知何时再见。为师以用这杯酒送你远行！"接着就是一声清脆的器皿破碎的声音，隐隐约约还有人呜咽哭泣。没多久，阳城带着一个脸带泪痕、神情憔悴的年轻人出来。台吏确认了年轻人就是薛约之后，就带着他上路了。阳城也是徒步相送，走了几里路，一直送到郊外，才依依不舍地告别。临别前，两人抱头痛哭，涕泪纵横。

阳城做出这样的举动，固然是出于师生情深。但是在有心人看来，阳城作为国子司业，不仅不反省自身教育的问题，还公然送别有罪之人，这显然是对朝廷的不满和抗议。消息传到德宗耳中的时候，他勃然大怒，对身边的人说："怎么又是阳城？三年前我要任裴延龄为宰相，他就口出狂言。当时要不是太子求情，我早就重罚他了。时至今日，他竟然不思悔改，还胆敢公然送别罪人。他们必然是同党无疑，我皇家学校岂能如此藏污纳垢！"面对皇帝的怒火，百官只能垂手无言。德宗于是下令把阳城贬谪为道州刺史，永远地驱逐出京城。

孰料，诏令下来之后，却在太学生中激起了集体性的不满，进而引发了持续多天的抗议。

贞元十四年（798）九月二十五日中午，柳宗元结束了一天的工作，在集贤殿吃完午饭出来，走到司马门，正要出宫的时候，城关掌管（主管宫门的官吏）过来跟他打招呼："柳正字这是要回家吗？"还没等柳宗元回答，他就接着问，"是回亲仁坊吗？"

柳宗元初涉政坛，秉着与人为善的态度，常乐于与日常接触到的官民交流。他在做官后，把家人搬回长安，住在长安城东部亲仁坊的老宅里，这些情况，掌管都比较了解。柳宗元听出这话有言外之意，于是向他颔首，微笑着答道："掌管，我是要回亲仁坊。"

"今早可曾见过学生？"

柳宗元顿时就明白掌管问他这几个问题的原因了，从亲仁坊到大明宫，途中会经过国子监所在的务本坊，于是回答道："掌管是说昨天游行的太学生吗？今早没有看见，难道今天他们还在继续请愿吗？"

掌管意味深长地看了柳宗元一眼，点了点头，压低了声音说道："我听人说，他们一行两百多人，要集体向皇帝上书，要求皇帝收回委任阳城为道州刺史的诏书，让他继续留在国子监。"他一边说，一边拉着柳宗元往外走，担心被其他人听到，接着又说："他们本来想到大明宫来上书的，但是走到延喜门就停下了。"

柳宗元正想问为什么，掌管压了压他的手，警惕地看了看周围，确定无人之后，才继续说道："我听说是太子出面安慰他们，阳城也赶来了，好说歹说，最后把学生都劝回去了。算是平息了一件大事。"

柳宗元明白掌管所说的"平息大事"是什么意思，这批学生前一天就开始向朝廷请愿，朝廷派人接了请愿书，但仍然维持对阳城贬谪的命令，所以学生才会继续请愿。这件事倘若不能及时控制，可能就会引起很严重的后果。柳宗元想起四年前陆贽差点被德宗诛杀的时候，也是太子出面求情，才救了他一命，或许这也是为什么太子能够说动太学生的缘故。想到这里，他对太子的好感又增加了几分。掌管见他有些出神，拍了拍他的手："正字回去的路上可要小心些，尽早回家，莫要流连！"

与掌管告别后，柳宗元独自沿着大明宫西边的南北街往南走。时节已是深秋，天空偶尔飘过棉絮状的白云，把天空衬托得更加湛蓝。正午热烈的太阳照耀着长安城，空气中掺杂着秋凉与日暖的气息，宽阔街道两旁的高大槐树，在秋风吹拂中摇曳摆动，时不时落下几片黄叶。街上依旧是车水马龙，人来人往。柳宗元经过延喜门，带甲荷戈的士兵驻守在城门下，注视着过往的行人，百姓进出城门时都是行色匆匆，没有谁敢刻意停留。长安城内的每一块砖瓦都经受过多少战乱与政变的洗礼，几百个手无缚鸡之力的学生的愿望，在这座庞大的城市里，留不下任何印迹。

回到家里，正值午休时间，家里人还没起来，只有堂弟柳宗直在书房里，正抱着《后汉书》，时而低声吟读，时而掩卷长叹。柳宗直今年十六岁，自小就勤奋好学，对汉代历史与文章有很深的研究。柳家男丁稀少，所以柳宗元对这个堂弟尤为喜爱。他走过去瞥了一眼，见柳宗直正在看《党锢列传》，讲的就是东汉太学生抗议的历史，再看他凝重的神情，暗自一惊，问道："十郎今日看书，为什么如此心事重重？"按年龄长幼排序，宗直在柳家子弟中排行第十，所以柳宗元称他"十郎"。

"八哥可知今日太学生之事？"柳宗元排行第八，所以宗直称他为"八哥"。

"听说了。古人云，以史为鉴，我看你是要从历史中找答案。"柳宗元说完微微一笑，指了指十郎读的书，"你对此事有什么看法？"

"我感觉太学生的风气变了，跟以前不太一样。我还记得八哥以前跟我说过，你年幼时，曾想到太学读书，最后却没有去。"

"那时我很羡慕太学里边名儒汇集，如果能与他们朝夕相处，不仅有益于治学求知，还有助于修身养性。哪知周围人都说太学生喜欢拉帮结派，目无尊长，对贤良之人也非常傲慢无礼；同学之间更是没有谦让之心，互相批评争斗，搞得乌烟瘴气的。听他们这么说，我感到很失望。在我看来，在国子监读书，就是古人所说的游圣人之门，学生应该潜心治学，尊师重道，想不到学风如此败坏，所以我就没去，而是选择了乡里的私塾。"

"我还记得，八哥以前带我去长安城游玩的时候，经过太学之门，从来都是匆匆而过，不会停留张望的。八哥的朋友当中，也很少是太学生。"

"因为我对太学学风感到厌恶。学生如果真那般傲慢无礼，我自然不会仰慕他们，更不会与他们结交。"

"但是现在学风好像变了，这次太学生抗议，听说持续了好几天。"

"看来阳城主持国子监，确实扭转了学风。学生们不满于自己的老师无辜被贬，即便手无寸铁，也要上书请愿。他们比他们的前辈要更尊师重道，也更有担当了。"回家途中的忧虑，又再次浮现在柳宗元的脑海里。

柳宗元的忧虑自有其理由。贞元年间的这次太学生的集体抗议，是唐代建国以来首次出现。国子监的历史悠久，汇聚了大量硕学鸿儒，也培养了许多在政治上具有深远影响的官员。学生数量在开元年间曾一度达到两千多人，这是国子监最鼎盛的时期。然而，即使学子众多，并且处于长安这样的政治中心，在历次重大政治事件中，却几乎看不到太学生的身影。

但从这次的事件来看，太学生的面貌确实改变了，柳宗元本应感到欣慰，但是他却高兴不起来。尤其是联想到这一系列的事件，从陆贽被罢相，谏官集体抗争，到今天学生抗议，事件背后反映出的民意，当今圣上似乎视而不见，仍然一意孤行。他又想到安史之乱后藩镇跋扈、宦官干政的种种乱象，不禁越想越忧虑，愁眉紧锁。

宗直看他半天不说话，便拿起书在他面前晃了晃："八哥在想什么？"柳宗元回过神来，才想起刚才要问他的问题："十郎，我看你这几年专心致学，学问大有长进，我来考考你，历史上哪个朝代曾发生过太学生集体上书的事件？"

柳宗直把书放在案上，想了一会，随即答道："最早应该是西汉哀帝时期，司隶鲍宣以执法严格著称。有一次，宰相孔光的下属违法，他便没收了对方的车马，因此得罪宰相，被宰相逮捕下狱。博士弟子王咸率领千余名太学生上书请愿，救了鲍宣。东汉时期，太学生抗议的事情比较多，这在

《党锢列传》中都有记载。"

柳宗元点了点头，接着问道："东汉党锢事件的根源是什么？"

柳宗直把书案上的书摊开，指着卷首几行字，对柳宗元说道："史书上说，桓帝、灵帝无能昏庸，宦官干扰朝政，所以引起了天下人的不满。太学生的本意是要澄清昏暗的政治，没想到却被镇压，真是可笑。"

"你说得很对，太学生不畏强权、为民请命的精神是很可贵的，不过他们的行为过于激烈，眼中容不下沙子，要是在承平之世还好说，但在汉末那个乱世，必然会遭到无情的打压。他们的结局，你也看到了。"

柳宗直点点头："汉末之后，还发生过一次太学生请愿的事件。魏晋之际，竹林七贤中的嵇康被人诬告言论放荡，非毁周公和孔子，被司马昭下令处死。行刑当天，就有三千名太学生集体请愿，希望司马昭放过嵇康，他们愿意以嵇康为师。但是司马昭还是把他给杀了。在这之后，史书就没有记载太学生群体抗议的事了。"

"在史官看来，太学生请愿的精神，是可歌可颂的。但是出现这种事件的政治环境，其实令人担忧。"柳宗元说到这里，叹了一口气，便不再说话。柳宗直也能猜到他的言外之意，不再继续谈论，毕竟薛约因妄论政治而获罪的教训就在眼前。

二

贞元十七年（801），做了三年正字后，柳宗元调任长安蓝田县尉。

在唐王朝，蓝田县的地位仅次于皇城附近的长安县与万年县。蓝田县尉一职虽然为九品官，但也是相当重要。柳宗元接到吏部的告身时，内心颇为兴奋，随即又想到八年前去世的父亲，还有两年前因为足疾而去世的妻子杨氏，如果他们能活着看到自己的升迁，不知道他们会有多么喜悦。想到这些，又不觉黯然神伤。

正当柳宗元要收拾行李到蓝田县赴职的时候，京兆尹韦夏卿突然派人来通知他，无须到蓝田县去赴职，而是留在京兆府，协助京兆尹处理公文撰写的事宜。韦夏卿之所以给柳宗元委派这个职务，主要是柳宗元任正字期间写了不少与时事相关的文章，他透彻的论说、严密的逻辑和斐然的文采，让韦夏卿深为赞赏，因此决定把柳宗元留在身边。

柳宗元满怀兴奋地上任，期待能做出一些成绩，但是他很快就发现，现实与理想差别过大。在京兆府的官僚系统内，县尉级别是最低的，在他之上还有主簿、县令、参军、京兆少尹、京兆尹等。他每天早上到京兆府应卯，见到京兆尹等大官，便要趋走，也就是小步疾行迎上去，以示对他们的恭敬。这与府内的吏卒没有什么区别，让柳宗元深感自尊受挫。每到这时候，他就能深刻理解，为什么杜甫以"老夫怕趋走"为理由拒绝去做县尉了。他日常接触到的官吏，大都无心政务，不会跟柳宗元商讨政事和文章，而是每天都在讨论公廨本钱放贷后收到的利息有多少，柳宗元自然知道这关系到京兆府官员的收入，但每天都只关心这个问题，就显得与市井商贾没有多少差别。只是，在这样的环境下，柳宗元虽然心里感到抵触，但也不好表现得格格不入，只能学习老子的"和其光，同其尘"。虽然融入了他们，但吃力不讨好，渐渐也被人称为"轻薄人"。

在蓝田县尉任上，柳宗元忍受了两年，处理政事的能力不见长，但有了近距离观察社会与民生的机会，其中有些事情，对于他思想的成熟与政治主张的形成，是很有意义的。

京兆尹的官署年久失修，负责此事的官员找了一群工匠来维修。动工那天，柳宗元看到领头的工匠特别眼熟，对方也向他打了个招呼，他才想起这人是曾租住在他姐夫裴墐光德里宅邸中的梓人，姓杨。一旁的同僚看到他们打招呼，就问柳宗元："子厚兄认识他？"

柳宗元说道："曾有一段时间，我经常去姐夫家，与元冀等人讨论《春秋》，就是在此期间认识这个梓人，他曾租住我姐夫的宅院。这次是谁请他来的呢？真是巧了。"

"听说这个老杨在京城很有名气，看子厚兄的意思，是有些不信任他？"

"我在姐夫家，经常看到他手里拿着软尺、圆规、直角尺和墨斗，但家里却不见磨石和斧子。我曾问过他擅长什么工作，他回答得倒是很自信，说他善于辨别木材的优劣，能够根据房屋的的高深、圆方、短长来设计，并且所有的工匠都会接受他的指挥。如果没有他，他们就没法建造房屋。他还告诉我他们工程队的收入分配。如果是承包官府的工程，他的报价是其他人的三倍，如果是私人雇佣，他能拿到整个工程报价的一半以上。我看他说话的表情，不像是开玩笑，就以为他是一个有能力的人，不然也不敢来租赁我姐夫的宅邸，毕竟我姐夫出身京城望门，曾祖裴光庭曾是开元名相，住宅又临近西市。不过，有一天我走进他屋内，看到他的床缺了一只脚，似乎是坏了很长时间了，也没有修理，这就让我感到很惊讶。我问他为什么不修，他竟然毫无愧色地说，过段时间找工匠来修。"

同僚脸上也露出不可思议的表情："梓人竟然不会修理家具，简直是闻所未闻！"

"当时我也觉得很荒唐，身为梓人，自己家里的床腿坏了，都要求助他人，难道自己没有这个手艺吗？我觉得他是一个好说大话的人。这次不知谁请他来的，正好看看他有没有真本事。"说罢，柳宗元便站在一旁看着。

接下来看到的场景，却让柳宗元不得不惊叹。只见老杨令人把木料码好，然后汇集众工匠，他们有的手持斧头，有的手执刀具，自动围成一圈。老杨左手持软尺，右手持竹杖，站在人群当中。只见他不停地在四周走动，测量尺寸，测完后走到木材前，观察木料的大小和材质，抚额思索一番，然后指着其中一根喊道："砍开这根木头。"便见一个持斧的工匠快速跑过来。老杨把需要的尺寸告诉他，那位工匠便开始砍斫。老杨随即又指着另一根木材喊道："把它锯开。"执锯的工匠也立刻过去，照着他的吩咐去做。老杨俨然就是这个队伍的核心，持刀带斧的工匠，都看他的脸色、听他的命令办事，丝毫不敢提出异议。如果有谁做得不合意，老杨就毫不留情地斥责他一番，然后叫来其他人替代，被斥责的人就走到一旁候着，脸上也没有表现出不满或怨恨。

看到这些场景，柳宗元与同僚相顾惊疑，老杨的领导能力，他们算是真实地见识到了。

很快，一堆木料就被处理好了。接下来就是动工装修了。老杨先在墙上画好设计图，图的长短不足一尺，但是室内的构造尽在其中。老杨照着设计图一一吩咐众人，完工后，竟然没有丝毫的差错。工程结束后，老杨在栋梁上书年月日和他的姓名，其他工匠的名字则不往上写，但众工匠都没有觉得这种做法有什么不妥。

柳宗元看得目瞪口呆，他彻底改变了原先对老杨的偏见，打心眼里佩服起他来。一旁的同僚击掌称赞："好一个老杨，简直就是工匠中的将相啊！"

这话点醒了柳宗元，离开京兆府之后，他便陷入了对为相之道的思索。唐代文人都有做王侯将相的梦想，柳宗元也不例外，他年少的时候就立志要成就大事业，而位居宰相、辅佐君王则是他的最高理想。至于如何才能做一个合格的宰相，柳宗元并没有成熟的想法。这次见闻给了他深刻的启发。他回到家里，便铺纸研磨，写下了《梓人传》这一千古名篇，文中说：

彼佐天子相天下者，举而加焉，指而使

焉，条其纲纪而盈缩焉，齐其法制而整顿焉；犹梓人之有规、矩、绳、墨以定制也。择天下之士，使称其职；居天下之人，使其安业。视都知野，视野知国，视国知天下，其远迩细大，可手据其图而究焉，犹梓人画宫于堵，而绩于成也。能者进而由之，使无所德；不能者退而休之，亦莫敢愠。不炫能，不矜名，不亲小劳，不侵众官，日与天下之英才讨论其大经，犹梓人之善运众工而不伐艺也。夫然后相道得而万国理矣。

……

意思是说，襄助天子做宰相的人，他能举荐贤人，委派职务，制定纲纪和法制，就像梓人用直尺、绳墨等工具去绘制图样。他能从天下的士人中选择合适的官吏，使之称职地工作，让老百姓安居乐业。看到都城就能了解郊野，看到郊野就能了解国境，对于国家的大小远近，能根据图本去考究，就像梓人在墙上画图纸，再据图纸修建官署一样。晋升有能力的人，辞退无能者，他们也不敢有异议。不炫耀自己的才能和名声，不做琐碎之事，不干扰众官员，每天都与天下英才讨论治国之道，就像梓人善于调动众工匠。这才是懂得宰相之道与治国之理的人啊。

<h1 style="text-align:center">三</h1>

如果问长安城哪个地方最繁华，答案毫无疑问是坐落于朱雀大街两端的东市和西市。两个市场各占两坊之地，东西南北各六百步长，四方各开两门，南北、东西相通，纵横交错成四条大街。街道两边店铺林立，汇聚了天下诸州和四方各国的珍稀之物。

由于公卿百官多在朱雀街东头活动，在这附近的东市四周也居住了很多权贵，氛围显得比较严肃，无形中影响了市场的活力，所以商贾多聚集到西市。柳宗元在休沐的时候，偶有兴趣，便会带上仆役或者堂弟，到西市闲逛，采购生活物品。这一天天气寒冷，家里的柴薪已经不够了，柳宗元就带上柳宗直，骑驴来到西市。

他们从西市的东门进去，刚进去，柳宗元就感到氛围有点奇怪。以往街上挤满贩夫走卒、沽浆卖饼之人，今天却只看到窦家店、张家店等大型食肆酒楼还在开门营业，其他的店铺都把门关得紧紧的，街道上的摊档也消失了很多。找了好一阵，也没找到往日卖柴和卖炭的摊档。正在纳闷，迎面走来一个京兆府的小吏，对方向他点头哈腰："柳少府今日也来逛市场。"

柳宗元正想找人问个究竟，于是拉住对方问道："我们是来买柴禾的，可是今日市场真奇怪，怎么也找不到卖家。"

小吏望了望四周，神神秘秘地说道："少府来得不是时候，他们被人吓走了。"

"被人吓走？被谁吓走？"

小吏把柳宗元带到僻静的角落："少府有所不知，这段时间以来，市场的商贩真是受够了苦。时不时就会有自称是宫里来的人，说宫里边要买这买那。替皇家购物，原来是由京兆府的官吏来办的，近来却变成由宦官来操办了，他们不带任何官方手续，就在市场里边安排了上百个白，白什么来着？

哦，白拿，哦，不是，不是，是白取。"

"是白望。"柳宗元纠正了他，他知道对方说的是宫市，但一直没有亲身见闻，于是又问道："传闻他们站在市场四周顾望，看到好的货物，就白拿，白取，不给商贩钱，难道是真的？"

"对对对，就是白望。少府不知道他们有多可恨。前几天，一个农人用驴驮着柴来到市场，这些人拿出数尺绢，要农夫把柴送到宫内。农人马上就哭了，说宁愿把绢布还给他们，也不肯送柴入宫。"

"为什么？数尺绢难道抵不过两把柴吗？"

"关键不在于柴值多少钱，而在于用驴送柴到宫内，你说，这驴进去了，还会被放出来吗？这就是强占人家的驴嘛！"

"这不明摆着抢劫吗？这种行径太可恨了！"柳宗直愤愤地说道。

小吏看了一眼柳宗直，继续说道："所以那人死活不肯，宁愿把绢布还给他们。但是宦官执意要他送。那人苦苦哀求他们说，我上有老，下有小，几口人的生计都是靠这头驴。我现在不要柴了，你们还要我的驴，这是把我往死路上赶。这人最后也是被逼无奈，就动手殴打他们，被金吾卫给抓了。"

"被抓了？结果呢？"

"听说这事惊动了皇帝。皇帝仁慈，赦免了农人，还赐给他十匹绢，并且把宦官贬黜了。"皇帝的行为，让原本义愤填膺的柳宗元大感痛快。小吏顿了顿，却摇了摇头，说道："但是有什么用，你看宫市还是照常，时不时还会有自称宫吏的来白拿货物。更有甚者，京城内的一些游手好闲的无赖，也经常扮作宫吏，以宫市为名，到市场巧夺豪取。"他摊了摊手，"他们说有皇帝的赦令，普通人哪有胆量去质问。所以一听到有宫吏来，那些小商铺干脆就关门歇业了。"

柳宗元对宫市早有耳闻，但是直到这次近距离了解，他才感受到其中的荒唐。安史之乱后，宦官取代外臣掌管了国库，与此同时，三宫（大内宫、大明宫和兴庆宫）及王公宅院的消费需求越来越大。地方州府的进贡，朝廷调拨的钱物，无法满足即时性的需求，于是这些皇室权贵便纵容宫院内的宫吏直接到市场"采购"。皇帝对于这种现象自然是有所了解的，当时有很多谏官都曾上疏，但是他却不愿意改变，因此才会出现如此嚣张的强盗行径。这些行为如果不加以制止，最终受损的是唐王朝的威望。越往下想，柳宗元的无力感也越强。

这一趟算是白来了，柳宗元只好采购了其他日用，与堂弟打道回府。冬天的寒风呼啸着吹过宽阔的朱雀大街，刮得人脸上发疼。街边掉光树叶的枯树，徒劳地伸展着枝丫，似在抵抗寒风的摧残。

四

贞元十九年（803），柳宗元在蓝田县尉任上做了两年后，便被授予监察御史里行的职务，回到了朝廷。监察御史与监察御史里行的职责相同，但官衔带有"里行"二字，待遇会差一些，不过对于柳宗元来说，他刚过而立之年，便能成为比较重要的中层文官，还是感到幸运。除此之外，柳宗元深感庆幸的事情还有两件，一是刘禹锡同时也被授监察御史，柳宗元能够与好友在同一个部门工作，实属难得；其二就是他能够尽早离开京兆府。

京兆尹韦夏卿离任后，恶名昭彰的李实接了他的职位。李实是道王李元庆的四世孙，不无学术，是通过门荫入仕的。他曾担任山南东道节度使，因为私自克扣军士的衣食，引起军士的怨恨，军队发生哗变。李实见势不妙，连夜从城楼上缘绳而下，逃回京师。朝廷也没有处罚他，还让他一路晋升。正是因为朝中有人，所以李实更加肆无忌惮。在柳宗元离开京兆府之前的那几个月，李实行事已极为嚣张，做出一堆罔顾王法的事情，令人惊骇。

柳宗元虽然离开了京兆府，京兆尹李实的名字却依然萦绕在他耳畔。

这天，柳宗元在御史台办公，突然听到外面一阵骚动，恍惚听到有人说："三原县令？不会吧？""王御史有何过错，为什么贬他的官？"柳宗元正感到好奇，刘禹锡气冲冲地走进来，在柳宗元旁边坐下，说道："子厚兄知道吗？王御史被贬三原县令了，刚刚下的诏书。"他说的王御史名叫王播，王播与柳宗元等人一样，也是被御史中丞推荐担任的御史。柳宗元搁下手中的笔，脸上露出不可置信的表情，问道："王御史好端端的，怎么突然被贬官了？"

刘禹锡正要拍案而起，旋即想到这里人多口杂，又把手放下，说道："子厚兄不知道他跟你原来的上司李实闹矛盾吧？"

听到李实的名字，柳宗元便感事情不妙："他们二人有什么过节吗？"

"按照规定，京兆府的官员在路上遇到御史台的官员，要自觉避让，而且还要下车作揖。前两天，他们二人坐着马车在路上相遇，李实的侍从看到御史台的车，不仅不让道，还要抢先通过。王御史觉得对方冒犯了御史台的威严，于是下车叱骂李实的侍从，回来后还移文到京兆府，指责京兆府不守礼仪。"

"京兆府避让御史台，这是一直以来的规定，王御史没有做错。"

"就是啊，但是结果呢？李实上书朝廷，也不知道他动用了什么关系，竟然把王御史贬到三原县做县令去了。"

"三原县隶属于京兆府。李实如此无耻，贬官也就算了，还把王御史贬为自己的下属官，这明显是继续打压王御史的意思。"

"这是让我感到气愤的地方，他这种不守法纪的行径，不仅没有得到惩罚，反而还能反咬一口！"

"李实为人素来如此，不循法度，而且残暴严酷。我在京兆府的时候就见识过了。近来也听到不少。"

"他还有什么恶行，你说来听听。"

"梦得兄听过这首诗吗，'秦地城池二百年，何期如此贱田园，一顷麦苗伍石米，三间堂屋二千钱'。"

刘禹锡摇摇头。柳宗元说道："这是宫中优人成辅端做的戏语，有十来篇，这是其中之一，是讽刺李实的。李实听到后十分恼怒，就上书朝廷，说成辅端毁谤国政，圣上马上就下令把成辅端给杀了。"

"成辅端罪不至死，自古以来，优人之语便有传达民情、指摘政治得失的作用。开明者应该吸纳反省，而不应该责罚优人。但成端辅为什么讽刺李实？"

"今年春夏，天气干旱，关中百姓的收成不好，他们向京兆府诉苦，希望能减免租税，但是李实却认为百姓是想借此逃税，根本没有把他们的请求放在心里。圣上曾经向李实询问京兆百姓的疾苦，他本可以趁机传达百姓减免租税的诉求，但是他为了讨好圣上，竟然谎称今年天气虽然干旱，但是百姓的收成却很好，诓骗了圣上，导致老百姓的租税颗粒不减。"

"寻常百姓家，大部分都没有什么储粮，如果今年收成受影响，哪来的钱谷交租呢？"

"这就是李实为官残暴的地方，他一味地聚敛，讨好上面的人，不考虑百姓疾苦。老百姓交不起租，被逼无奈，就只好拆房子去卖钱，甚至有些人还把刚长出来的麦苗也拿去卖了。成端辅‘一顷麦苗伍石米，三间堂屋二千钱’，说的就是这个。"

"真是荒唐，这不是逼着老百姓饮鸩止渴吗？房子没了，冬季的收成也没了，让他们怎么活？"刘禹锡双目圆睁，愤怒地说道。

"李实的恶行可不止这些。梦得兄知道，吏部举行博学宏词科的时候，考试信息都是机密的，百官也不敢私下问吏部侍郎。但是李实竟然敢亲自到吏部，仗势欺人，逼迫侍郎赵宗儒透露信息。前年，礼部侍郎权德舆主持科举考试，李实罗列了二十多人的名单，逼迫权侍郎按照这个名单录取。权侍郎虽然没听从他的话，但据说内心还是很忐忑，处事越发谨慎了，就是害怕李实陷害他。"

"看来此人大有背景，不然不至于如此猖狂。"

李实背后的靠山是当今皇帝，这是大家都知道的事情，只是不敢明说而已。柳宗元叹了一口气："我年少的时候，曾随我父亲亲历过藩镇的战乱，听闻地方节度使叛乱的事情就更多了。此前，我一直以为我大唐之所以动荡不安，症结在于藩镇。然而，入仕之后，我的想法开始产生变化。"

"不知子厚兄最近有什么新想法，说来听听。"

"节度使拥兵自重，割据叛乱，只是国家动荡的外因。最根本的原因，还是朝廷不得民心，百姓对朝廷颇多怨言。梦得兄你看，现在的赋税那么高，几乎压得老百姓喘不过气来。其他地方不说，就说京城，天子脚下，尚且还会发生这么多令人心寒的事情，这些事情背后的问题，才是症结所在啊！"

"我也有同样的想法，冰冻三尺，非一日之寒。如果任由这些乱象发展下去，大唐将会民心尽失。"

柳宗元长叹了一口气："面对这些乱象，我近来越发感到无能为力。梦得知道，我写文章，倡导言之有物，经常评论时事，希望能起到一定的作用。但是写得越多，越觉得无力。古人有云，文章为经国之大业，不朽之盛事。我的文章，获得不少文人士子的赞美，但却不能影响朝廷决策，也不能有益于世道人心，终究是文字游戏而已。"

"子厚兄千万不要灰心，长安城内深似海，投进海里的东西，表面上可能翻不起浪花，但在水下，或许已经引起了回响。"

"梦得也无须安慰我，要有大作为，单枪匹马的努力肯定是不够的。"

"正是如此，我们需要联合同道，尤其是那些有能力的同道。"

柳宗元看他说话的表情似乎颇为自信，觉得好奇，便打趣道："莫非梦得这只凤凰终于攀上了高枝？"

刘禹锡谦逊一笑："我近来确实得到贵人的赏识，这个贵人也经常读你的文章，对你的学问、才情和见识赞许有加，并多次表示，希望我把你推荐给他。我相信，他是可以帮助你实现辅时及物志向的理想人选。"

"敢问是谁？"

"太子侍读王叔文。圣上年事已高，太子现在是众望所归，众人都希望他能进行一番变革。王叔文是太子倚重的人，他出身贫寒，非常了解下情，对于政治现状颇为痛心疾首，所以常常在太子面前叙说民间疾苦。太子深居宫中，但是对时事是很了解的，这主要就要归功于王叔文。虽然他现在没有什么官职，但有一套改革的想法，太子很支持他。他正在积极地寻求同道。"说完，指了指柳宗元。

柳宗元大喜："他将我视为同道中人？"

刘禹锡点点头："他与子厚虽然没有什么交往，但是特别欣赏你，让我推荐你的目的，就是要把像你这样的贤才聚集在太子周围，待时机成熟后，便可为万千苍生的福祉做一番大事。"

这大概是柳宗元的一生中最感振奋的一个时刻。这不仅是因为有人赏识自己，还因为赏识自己的人的上司就是自己一直倍感亲切、又是民望所归的太子。眼下太子虽然还没有登基，但德宗年事已高，太子毫无悬念会继承皇位，这样一来，柳宗元就有希望施展自己的抱负了。因此，他很快就应允了刘禹锡推荐他去见王叔文的建议。

　　一年多后，也就是永贞元二十一年（805）正月，德宗驾崩，顺宗继位，柳宗元被提拔为礼部员外郎。随后，在他与王叔文等人的努力下，罢除宫市，贬黜李实，减免赋税，革除弊政，这就是历史上著名的"永贞革新"。然而当他们把改革的矛头对准败坏朝政的痼疾——宦官，准备收回他们掌握的军权时，却遭到了疯狂的反扑。更没有想到的是，因为顺宗重病，王叔文等人失去了最大的支持，仅仅持续了几个月的"永贞革新"以失败告终，柳宗元也被贬永州。

戴罪永州

一

　　永贞元年（805）九月，柳宗元携带母亲与兄弟数人，过洞庭，下湘水，终于在年底抵达了贬谪地——永州。天气异常寒冷，北风裹着绵绵的冬雨，击打在他们脸上。城外的山林中时不时传来几声猿鸣与鸟啼，在凄风苦雨中，显得无限悲凉。柳宗元搀扶着同行的老母亲，想起了年幼时为了躲避泾原兵变，母亲带自己南下的往事，忍不住悲从中来。母亲倒是一路在安慰他，说无须对仕途的坎坷过于挂怀，只要问心无愧即可。永州虽然遥远，但是母子俩还能相伴，也算是不幸中的万幸了。柳宗元听了，心里更是难受。

他在永州的官职是司马员外置同正员，这是一个在编制之外的官职，虽然俸禄与正式的官员一样，但没有权力，也无须亲理政事。虽然看起来清闲惬意，但柳宗元知道，他的政敌是在向他表示，即使把他贬谪到这个蛮荒之地，还是处处提防着他，不会给他任何权力。

因为是闲职，加上是有罪之人，当地的官员就没有给他特别的待遇，以至于他到任之后，竟无寓居之所。无奈，他只好听从州中官吏的建议，到龙兴寺去寻觅住所。柳宗元自幼痴迷佛学，有三十多年的研究，这种兴趣，使得他对与佛教有关的事物都感到亲切，因而对寓居佛寺也不感到委屈。况且身为罪人，他也不敢奢求过多，只希望老母亲和陪同前来的兄弟能有安稳的落脚之处。

龙兴寺方丈听说柳宗元的境况后，欣然同意把寺庙西边的几间房安排给他们，这也是寺庙里唯一可以腾出来做住所的地方了。这几间房的条件不是很好，门户向北，位置比较偏僻，室内采光也不佳，一天到晚都昏暗不明。然而，这里也有一个得天独厚的优势，在永州城内的所有建筑中，龙兴寺的海拔很高，而柳宗元居所的这个位置，正好可看见穿城而过的大江，在江流的另一边，山色秀美，风景颇有可观之处。只要稍加修葺，这里就能成为一个绝佳的观景点。

柳宗元征得寺庙同意后，便在西墙下凿开一个门户，在户外开辟出一块平台，并围上栏杆。这样不仅大大改善了室内的采光与通风，也方便观赏远处的美景。南方多雨，景色也多变，柳宗元尤其喜欢在云消雨霁的黄昏，站在屋外的平台上，看着夕阳越过山脊斜照而下，光线穿过漂浮在空中的雾气，在半空中弥散开来。太阳继续西沉，光线便会掠过沿江生长的树木的梢尖，落在江面上，映照得江水一半萧瑟一半通红。当太阳将要隐没在山脊背后的时候，最后一道温暖的光线就会笔直地射进门户，把屋内照亮。在那一刻，柳宗元感受到从未有过的平静。也正是在这样的时刻，他突然领悟到，人的内心有无尽的昏暗蒙昧之处，需要凿开一扇门户，让外面的风与光进来，驱散幽暗，生长出新的气象。

在贬谪永州之前，让柳宗元心悦诚服的僧人不外乎两个，分别是他的授业恩师惠诚与荆州的海云。自从惠诚去世后，柳宗元便感觉世上可与言佛者愈加少了。直到他来到永州借居在龙兴寺，认识了寺僧重巽，才改变了这个看法。重巽是一位高僧，他的高明之处在于不仅能通透地解释佛家文字，还能精妙地阐释言外之意。重巽讲解佛经，往往是洋洋洒洒上万言，可柳宗元并不觉得烦闷。有时候重巽只用一两句话，就能点出其中的精妙之处，让柳宗元豁然开朗。两人很快成了莫逆之交，经常一起谈论佛经，偶尔也讨论诗文，为柳宗元无聊的贬谪生活增添了许多乐趣。

一日，柳宗元正在屋外侍弄花草，恰好重巽来访。重巽盯着花圃仔细瞧了一会，点头笑道："柳司马近日花艺渐长，这些花草树木，长得越来越好，种类好像好比前段时间来的时候多了不少。"

柳宗元说道："这都是因为贵寺地理位置上佳，什么花草都能养活。上人请看，这是从湘江西岸移栽的木芙蓉，我朝诗人王右丞曾有诗：'木末芙蓉花，山中发红萼。涧户寂无人，纷纷开且落。'我一直很喜欢这种空寂的境界。等它开花的时候，或许能再现右丞笔下的意境。"

"哈哈，此花开时，司马一定要邀请我来同赏，让老僧也见识见识诗佛笔下的意境。"

"那自然是要的。上人再看，那几株是什么？"

"那不是桂树吗？司马这样问，必定是有故事。"

"是，这是我从邻州衡州衡阳县移栽来的，费了一番功夫，连根带土，装到竹筐里运来。"

"衡阳至零陵，少说也有两三百里，司马为何如此有兴致？"

"那天我带着亲友去爬衡山，坐船沿江而上，在山下停船上岸的时候，看到一丛桂树零落分散在杂草丛中。说来也奇怪，看到它们时，在下内心突然一动，想着返程的时候要把它们移栽到这里。"

"此树虽然不能说遍地都是，但也不罕见，司马为何要舍近求远呢？"

"我素来爱花，尤其爱桂树，可是桂树喜暖，以前在京城的时候，是很难见到的。偶见亲友栽种，也不容易成活。南来后，山间树林中常常可见桂树，但本地人把它当杂草杂树看待。常看到樵人把它采回家当柴火，看得令人心疼。"

"柳司马宅心仁厚，不过，司马或许也是另有寄托吧？"

"果然是上人，知我！古往今来的文人墨客，都喜欢吟咏桂树的贞洁芬芳，开元宰相张九龄曾有诗云：'兰叶春葳蕤，桂华秋皎洁。欣欣此生意，自尔为佳节。谁知林栖者，闻风坐相悦。草木有本心，何求美人折。'虽然没有人赏识，但桂花自有生意，自带芬芳，这种品格，正是世人缺少的。我在桂树中，多少看到了自己的心性和经历，所以就决定把它们移栽过来。"

"'草木有本心，何求美人折'。说得好！品性如此高洁的花木，让它自生自灭，还是太可惜了。司马与它，可以说是惺惺相惜！"

柳宗元道："贵寺是块宝地，香客甚多。待到来年金秋十月，桂花飘香时，必然能吸引游客前来，也算是为贵寺增添一个小景致了。"

"这实属是对鄘寺的一件功德了。"重巽说完，哈哈一笑。他又从随身的袋子里拿出一样东西

柳宗元对重巽说："桂花的品格，正是世人所缺少的。"

递给柳宗元："光听司马说话，差点把这东西给忘了。这是我新采的竹间茶，司马是爱茶之人，肯定品尝过不少好茶，但我采的这种茶，估计司马还没有尝过。"

柳宗元接过茶叶，大喜道："感谢上人的馈赠，我孤陋寡闻，竹间茶，还是第一次听说。来，上人请到我屋内，我给上人煮茶，你我饮茶畅聊。"

柳宗元令童仆到寺庙的东端接来一桶山泉水，将茶叶放入釜中，置于炭上，一会儿就听到茶水沸腾时发出的汨汨声，随即有了馥郁的香气，让人仿佛置身于春天的竹林之间。柳宗元从釜中舀出茶汤，只见茶汤色泽青绿晶莹，上面飘着一层白色的茶花，如同晴朗的天空中飘浮着朵朵白云，看着令人心喜。

待茶汤微凉后，柳宗元啜了一口，初入口尚有一丝苦涩，随即便觉得甘冽清甜，喝下去后，顿觉通体舒畅，神清气爽，良久，舌间还萦绕着悠长的茶香。柳宗元不禁连连称赞："好茶！如同吃了佛家所说的甘露饭。上人果然茶艺高超！"

"司马谬奖！时常饮茶可以涤除烦闷，澡雪精神。我看司马来永州后，虽然沉迷花草树木，游山玩水，但内心的郁闷，我还是能感觉到的。所以就送些茶与司马解闷。"

柳宗元听后，颇为感动，对重巽感觉也更亲切了些，说道："我现在就是个戴罪之身，万事瓦裂，身残家破，心里还在期待能够获得圣上的宽宥，让我为这盛世效犬马之劳。可惜啊，恐怕难有机会了！永州山水虽美，但我也经常感觉如坐在囚牢中一般。"

"尘世的遭遇，都是缘起缘灭，司马还是不要太过执着。"

"上人所言极是。我来永州后，与朝中大臣保持联系，希望他们能助我回到朝廷，但是迄今也没有任何消息，看来只能随缘了。"柳宗元摇了摇头，叹了一声气，端起茶啜了一口，突然想起什么，放下茶盏，对重巽说道："听说龙兴寺有块地方，很有些怪异，是一块小土墩。"

"司马说的，应该是寺庙东北角的土墩。"

"上人不说，我还不知道在哪里。我只听说原有块平地，不知哪天突然隆起一块广四步、高一尺五寸的土块。曾有人把它铲平，但是诡异的是，没过多久那里又再次凸起来。更加奇异的是，铲地的人居然莫名其妙地死了。"

"确有其事。在那以后，就再也没有人去铲地了。永州人信鬼神，所以寺里的僧人也把它当作神明，称为'息壤'。"

"息壤？古书记载说，远古时候，洪水滔天，鲧偷了天帝的息壤来堵住洪水。故事里讲的息壤，和永州人口中的息壤是否相同？"

"正是，铲平了还能长回，生生不息。州民称这块地为息壤，取的就是这个意思。"

"息壤之名，在儒家经典中不见记载，其故事也荒诞不经，竟然还有人相信，甚是奇怪。"

"贫僧是不信的，不过有人因此而丧命，这事确有离奇之处，也难怪有人信以为神。"

柳宗元思索了一番，说道："其实这也不难解释。南方气候潮湿，易生疾疫。常年劳苦者尤其容易感染而夭寿。铲土之人，必然是劳苦之人，他应该是死于劳苦与疾疫，不是因为遭到天谴。"

"司马想想，死者生前应该是劳苦憔悴的，但偏偏就是因为铲土而去世，老百姓说他遭到天谴，也是很正常的。不过，在贫僧看来，司马说的也不是没有道理。"

"州民不知书，把土地当作神，这是容易理解的。我担心以后有学者到了永州，听闻这个故事，不加辨别，就写成文章，流传出去，误导世人。后人难免会把那些荒诞不经的传说当作真实的事情来对待，日后不知道会生出多少异端邪说来。"

"贫僧建议司马写一篇文章，刻在堂壁上，以正视听，如何？"

"我也正有此意，这两天就写出来，到时请上人找人刻上去。"

没过几天，柳宗元就写出了这篇文章，名为《永州龙兴寺息壤记》。除此之外，柳宗元还把在永州的所见所闻，也陆续写成了山水游记，这就是著名的《永州八记》。

三

在长安的时候，柳宗元就听说永州当地出产一种蹇鼻蛇。这种蛇毒性极强，凡是被它触碰到的草木，无不马上枯死，人如果被它咬伤，也无药可救。不过，此蛇虽毒，却是一剂难得的良药。把它晾干，作为药饵，可以治疗中风、大风、半身不遂、骨节疼痛等。

蹇鼻蛇有多种颜色，尤其以白花者为最佳，又称白花蛇。永州官府把它作为土贡，每年进献两条给宫廷。因为此蛇十分难得，所以永州官员就招募百姓捕蛇，一年捕捉两条，就可以抵免当年的赋税。重赏之下必有勇夫，永州就出现了很多捕蛇人。

一个深秋的午后，天高气爽，凉风时吹，柳宗元独自一人到郊外游赏。走到林中的时候，他看见一个身穿布衣的中年男子，背着竹笼，手里拿着一条长长的竹杆，竹杆的尾端绑着一个长筒形的网罩。这个人正盯着地面慢慢往前走，似乎是循着某条路线行进。

柳宗元感到好奇，便不作声，停下来看。良久，那个人突然抬起头来，发现不远处有个人正在看着自己，便走过来，向柳宗元叉手行礼："您是柳司马吧？"柳宗元正想问对方姓名，他却不问自答："小人经常看到您在城外游山玩水，所以认得司马。哦，小人是本地百姓，姓蒋，名忠。"

柳宗元用手指了指他身上的行头，问道："君在这里有何贵干？"

蒋忠拿起手中的网杆，递到柳宗元眼前，笑道："我在寻找蛇的踪迹，九月份、十月份正是捕蛇的好季节。"

"捕蛇？你是要捕襄鼻蛇吗？"

"对，小人找了好几天了，现在还没有找到。不过，这蛇本来就不容易找，以前都是要找好久，运气到了，才能逮到一两条。"

"听君的语气，似乎做这个捕蛇的工作很久了？"

"是啊，官府把这个任务交给小人一家，小人一家三代都是专职做这个的。"

柳宗元知道永州有不少专门捕蛇的百姓，但是没想到竟然还有世代都以捕蛇为业的，便问："家中还有他人也会捕蛇吗？"

"家中就小人一个人捕蛇。小人的祖父和父亲早都去世了，都是因为捕蛇时被咬而去世的。小人接起他们的担子，也做了十来年了。这几十年里，本地上贡的蛇，基本上都是由小人一家负责捕捉的。司马不知道，有好多次，小人也差点被蛇咬，现在想想都很害怕！"蒋忠脸上的表情写满了悲戚。

柳宗元为他的遭遇感到悲伤，便问："既然这么凶险，为什么君还要继续做这个工作？我可以帮君向刺史说情，免去捕蛇的任务，恢复耕农的身份，耕田种地，交纳赋税，君看如何？"

柳宗元以为蒋忠会满口答应，孰料蒋忠听后，连连摇头，说道："司马是可怜小人吗？如果是的话，千万不要这样！"

柳宗元十分诧异："这是为何？捕蛇这样凶险，耕田种地至少不用冒险。"

"司马有所不知，捕蛇虽然有生命危险，但是比起耕种纳赋，已经是很轻松、很幸运的差事了。要不是因为接了捕蛇的活，光是耕田的话，小人早就累死了。"

"看君的年龄，才三四十岁，耕田种地虽然辛

柳宗元以为蒋忠会满口答应，蒋忠却连连摇头，说道："司马您是可怜我吗？如果是的话，请千万不要这样做！"

苦，但也不至于累死吧？"

"司马请想，如果靠耕田为生的话，每天都要在田地里劳动，无论天寒酷暑，都不能休息。一年到头收获的粮食，交了赋税后，就没剩多少了，经常要忍饥挨饿，生个病都没有钱去看郎中。唉，小人见到很多人就是这样累死、病死的。"说到这里，蒋忠的眼眶一热，眼泪流了下来。他扯着衣襟擦了擦泪水，继续说道："从小人祖父那一辈开始，我们家就定居永州，到现在已经六十多年了。在这六十年多里，百姓的生活可是一天比一天难过。跟小人祖父同辈的邻居，现在十户中不存一户。跟小人父亲同辈的，现在十户不存三户。在小人捕蛇的这十多年里，小人的邻居，十户之中只有一半还在这里了。"

"其他的农户都到哪里去了？"

"不是死了，就是迁徙到其他地方去了。"

柳宗元暗自算了一下，从安史之乱至今，正好六十多年，在这期间，发生了许多大大小小的战争，地方百姓要承担的各种苛捐杂税有增无减。他不禁长叹一声："照君这么说，捕蛇虽然危险，但至少不用没日没夜地劳作来交赋税。"

"是啊，所以小人不会放弃捕蛇这个工作。司马不知道，每到交税的时候，那些官吏一个个凶神恶煞似的，要交不起税，他们就恨不能把你家的房屋都拆了换钱去偿。他们一来，就搞得乡里鸡飞狗跳。每到这个时候，小人就会打开屋里装蛇的缶，看到蛇还在，小人就放心了。小人平时种些田地，也能养活自己。每年只要能抓到两条蛇，就能活得无忧无虑。哪怕真是被蛇咬死了，小人活得也比邻里乡亲要长。所以司马您看，小人怎么会放弃捕蛇呢？蛇虽然毒，但是比起赋税之毒，还是差多了。"说到这里，蒋忠脸上的表情不知是得意还是悲戚，他叹了口气向柳宗元叉手道："不说了，小人要捕蛇去了。"说罢，便拿着网竿，转身走了。

柳宗元站在那里，良久不动。以前读《论语》的时候，就读到过孔子说的"苛政猛于虎"，自己出生在官宦世家，不用交税，所以没办法深刻理解孔子的意思。直到今天，听完蒋氏的一番话，他才认识到民生的艰难。

柳宗元家的童仆也会捕蛇，一日清晨，那童仆提来一个布袋，里面装了一条周身布满深褐色圆形斑纹的蛇，走到柳宗元面前说："主人，这是小人抓的蛇，毒性很强，人被它咬伤，必死无疑。它总是躲在草丛中，听到人的咳嗽声或者脚步声，就会突然窜出来咬人。它爬得很快，咬人又准，所以大家都怕它。就是草木被它咬过，也马上会枯萎，人的手脚要是碰到被它咬过的草木，也会中毒，不是腿脚肿胀，就是手腕痉挛，甚至要自断手指。"童仆在主人面前炫耀自己善于抓蛇的本领，希望能得到一些嘉奖，所以添油加醋说了一番蛇的危害。

柳宗元听了他的描述，问他捕的是不是褰鼻蛇，童仆摇摇头："不是，这是蝮蛇。人们碰到这种蛇，都是要把它弄死的，免得它害人。"

"这么毒的蛇，你是从哪里抓来的？"

"在前面的榛树林中，小人刚刚在玩耍的时候抓到的。"

"榛树林中这样的蛇多吗？"

"很多，还有其他种类的。小人在那里抓过很多，各种各样的都有。"

"你抓得完吗？"

看到柳宗元脸上的表情越来越严肃，童仆才意识到主人应该是生气了，于是低下头回答："抓不完。"

"蛇住在榛树林中，你住在屋子里，它不会跑到你住的地方来。你和它是井水不犯河水。你却特意跑到那里去抓它，万一被它咬伤了怎么办？你还把它带回来，万一咬伤其他人怎么办？你无缘无故把它抓来，只是为了杀死它，实在是有些残暴。"

童仆被说得大气不敢出，柳宗元却越说越激动："那些耕地砍柴的人，知道自己要去的地方有蛇，都会做好防备，带着锄头、镰刀、竹鞭，万一碰到蛇可以把它吓走。你平时砍柴放牧也不会到那里去，何必要为了表现自己而去冒险呢？你要是担心它害你，就把院子里的树木修剪修剪，屋子外墙有裂缝的，就用些土浆把它堵上，蛇就不会跑到你的屋子里来。在室外，你也不要刻意走那些偏僻幽暗的道路。这样的话，蛇怎么会咬你呢？"

童仆年纪还小，被主人疾言厉色斥责了一番，已经忍不住泪眼盈眶。见他满脸委屈的样子，柳宗元不觉心里一软，拍了拍他的肩膀，放缓了语气：

"你看，蛇的样子虽然丑陋，但这也不是它们的过错，是造物者、是苍天让它们长成这样的。它有毒性，会伤人，也不是它自己能选择的，是上天强行赋予的。它跟我们有些人一样，可悲又可怜，但我们不能怪罪它。你把它放了吧，以后不要再做这样冒险的事了。"童仆低着头唱了声喏，便拎着袋子到树林中放蛇去了。

柳宗元从蝮蛇身上，看到的是造物者的不仁与不公。大千世界，物种万千，有些物种能与人共存，有些物种却会给人带来伤害，因此终生背上恶名，无论是否曾加害于人，都会被看作毒物害虫，而惨遭伤害。大多数时候，这些被伤害的动植物并不会主动加害于人。人有时候只是为了逞一时之快，发一时之愤而已。

童仆抓的这条蝮蛇被释放了，但是它日会不会遭遇某个农夫而被杀害，这就是无法预料的事了。谁会再像他那样有好生之德而愿意宽宥它呢？想到这里，柳宗元内心深感悲凄。

柳宗元的悲悯，其实是因为想到了自己。永贞革新失败后，与柳宗元有过节的人恨不能置他于死地，很多人忌恨他升迁得比较快，也毫不留情地诬告和构陷他，仿佛柳宗元一旦背负罪名恶名，人人都有除之而后快的义务。对于人性的恶，他从来没有这么深刻地体验过。他对自己的生命、仕途、未来会面临什么样的结局，只有担忧，只有无奈。

这些关于蛇的思索，柳宗元都写了下来，这就是《捕蛇者说》和《宥蝮蛇文》。

再贬柳州

一

　　人生的际遇真如白云苍狗，变幻无常。元和九年（815）十二月，在永州已经谪居十年的柳宗元，终于收到朝廷召他回京的诏书。次年二月，他将要踏进长安时，感慨万千地作了一首诗《诏追赴都二月至灞亭上》：

　　　　十一年前南渡客，四千里外北归人。诏书许逐阳和至，驿路开花处处新。

　　然而，仅仅过了四个月，他又再次离开长安，到了衡阳，这个传说中南下的大雁也不会飞过的地方，随身携带的是朝廷任命他为柳州刺史的告身。与他同行的还有挚友刘禹锡。他们将要在这里告别，刘禹锡要南下连州，去那里做刺史。柳宗元则要往西南再走一千多里，才能到达目的地。

都是戴罪之人，活着已是奢侈，日后能否再相见，两人已经不敢去想。

深夜，衡阳驿十分安静，寄居的官员和仆役都已熟睡。只有一个房间开着窗，屋内透露出灯光，窗纸上映出的两个人影摇曳不定。

"梦得兄，我回到长安时，做了一个梦，梦见一棵柳树仆倒在地。醒来之后，颇感不吉，所以就去西市问卜。对方告诉我说，不必苦恼，但可能要到远地去做官了。"说话的正是柳宗元，另一个人自然就是刘禹锡。

"卜者是如何解释的？"

"他说，有生命的是柳树，仆倒在地，那就是柳木，'木者，牧也'，恐怕我要去柳州作州牧了。没想到，正被他说中了。"柳宗元苦笑一声，双目茫然地看着窗外无边的黑夜。

刘禹锡也是长叹一声："表面上，朝廷这次升了我们的官职，把我们从司马升到刺史，但是做官的地方却更加偏远了，这是明升暗贬啊。十一年了，那些人还不肯放过我们，难道非要置我们于死地不可吗？"

柳宗元拍了拍他的肩膀，想说些安慰的话，但是想到他们的遭遇都是出自皇帝的意思，便把嘴边的话又咽了回去。

一阵风吹来，灯火猛地一晃，差点被吹灭，柳宗元慌忙伸出双手，护住油灯。

"子厚兄，这次如果不是你上书求情，我可能就要去西南了。"

刘禹锡被召回长安时，以为自己可以重获重用，内心着实兴奋，与朋友游览京城的玄都观时，作了一首《赠看花诸君子》：

紫陌红尘拂面来，无人不道看花回。玄都观里桃千树，尽是刘郎去后栽。

本来是要表达这十几年间物是人非的意思，却被人诬告说他对朝政不满，导致他罪加一等，被贬为播州刺史。诏书下来的时候，柳宗元大吃一惊，播州地处西南蛮荒之地，距离京师四五千里。刘禹锡的母亲年事已高，如何能够与其同行赴任。如果不能同行，播州的环境险恶，刘禹锡恐难生还，那就是母子永别。于是他向朝廷上疏，愿以自己的官职跟刘禹锡对换。恰好御史中丞裴度也认为对刘禹锡的处罚过于严厉，向皇帝求情，所以朝廷才改刘禹锡为连州刺史。

"梦得兄此话言重了，一切都是裴中丞的功劳。况且，你我相知多年，情同手足，你的母亲就是我的母亲，无论如何，我也不能让她像我母亲那样。"说到这里，柳宗元不禁眼眶一热，他想起了自己的母亲，想到她一生艰辛，老来还要受自己这个不孝子连累，跟着自己流离迁徙，结果十年前客死永州……刘禹锡理解他的心情，也忍不住叹息起来。

离别的夜晚，多是失眠的夜晚，而天明却不请自来。

无论多么不舍，柳宗元与刘禹锡都知道，他们只能在此分别。他们到了湘水渡口的时候，柳宗元递给刘禹锡一纸书笺，道了珍重，便上了船。

刘禹锡站在岸边，望着柳宗元的身影逐渐远去，直至消失在茫茫的江面上。他这才展开笺纸，上面是柳宗元写的赠别诗《重别梦得》：

> 二十年来万事同，今朝歧路忽西东。皇恩若许归田去，晚岁当为邻舍翁。

刘禹锡读罢，已是泣不成声。他没有想到的是，这是他们最后的告别。

柳宗元从衡阳坐船往西南，经由永州再顺湘江而下至永州、桂州的交界处，然后经过临源岭。临源岭又称越城岭，是五岭之一，在古人心中，翻越五岭，就如同到了异国，进入了南蛮之地。在那个时代，如果不是因为犯了大罪被贬谪至此，中原士人很少有机会翻越这座山岭。柳宗元站在船上，努力向北望去，目力所及，只有重重山岭。他知道，故乡就在这千山万岭之外，只是此行吉凶难料，能否全身而归，已属难测。站立良久，柳宗元才转身

刘禹锡望着柳宗元的身影逐渐远去，这才展开笺纸，上面是柳宗元亲笔写的赠别诗《重别梦得》。

坐入船中，从此，他再也没有踏上回乡的路途。

二

到了桂州已是六月，虽然在永州已经呆了十来年，但初到这比永州更南的岭南，柳宗元依然觉得无法适应当地的气候。六月的岭南像是蒸笼一样，湿热的空气中，炎烟缭绕，水汽氤氲，让他觉得极不舒服。柳宗元在桂州坐船，沿漓水南下，到了苍梧，改道由浔江往西至象州，在象州转入柳江再溯流而上至柳州。一路上，随处可见江水激流，两岸怪石乱出，野葛草附着在树干上往上生长，遮天蔽日，毒蛇如同葡萄一般蜷缩悬挂在树枝上，吓得他头皮发麻。浔江水流尤多激流险滩，木船在激流中溯流而上，白花花的江水击打着船头，又急速地往两边退开，衬托着逆水行船如同飞箭一般。

柳宗元想起《博物志》中所说的，南方江面有长两三寸的射工虫，能在水中含沙射人，被射中者不治则死，又说岭南多飓风，这风没有方向，仿佛是从四面吹来一样，风力强劲，能摧枯拉朽，翻船毁舟。柳宗元坐在船上，忍不住胆战心惊，唯恐稍有不慎，便有生命危险。

岭南自古为蛮荒之地，人们多视为畏途，他这次算是深刻地体验到了。

从衡州出发，柳宗元一行又走了一个多月，终于在六月二十七日到达了柳州。踏进城门的时候，州府小吏已经在迎候他了。但他没有先去公廨府，而是走上城楼向四周观望一番，看看这片他将要管辖的土地。

柳州民俗，每隔三日办一次集市，称之为"虚"，赶集便称为"趁虚"。此日正逢虚日，城里百姓、商旅来来往往，十分热闹。柳宗元从城上往下看，见他们穿着奇特的服饰，叽叽喳喳说着听不懂的话，聚集在市场上观看、挑选货物。他们手里都提着荷叶或者箬竹叶包裹的东西，身边的小吏告诉他，荷叶包着的是趁虚人的午饭，箬竹叶包裹的是他们买的盐巴。柳州风俗与中原差别如此之大，这让初来乍到的柳宗元既感到好奇又觉得无所适从。

柳州城内，潭水自北向南穿城而过，水流曲折缭绕。他沿着江水来处向北望去，只见重重叠叠的山峰遮挡了远望的视线，那遥远的故乡终是不可望见。他想起与自己同时贬谪的几个朋友，漳州的韩泰、汀州的韩晔、封州的陈谏以及连州的刘禹锡，不知道他们能否适应新的环境。再想到自己所处的大荒之地，内心突然涌起一阵强烈的愁思，唯有写诗寄给他们，方能求得一些共鸣和安慰。于是，他写了一首《登柳州城楼寄漳汀封连四州》。

城上高楼接大荒，海天愁思正茫茫。惊风乱飐芙蓉水，密雨斜侵薜荔墙。岭树重遮千里目，江流曲似九回肠。共来百越文身地，犹自音书滞一乡。

柳宗元刚到柳州的那天深夜，外面传来时断时续的吵闹声，但是听不懂说的是什么。起初他以为是柳州人喝了酒在喧闹，所以并不在意，但是连续几天都出现这种情况，他感到很奇怪，就招来州府从事问："你近来深夜可曾听到外面的吵闹声？"

从事叉手回答："刺史大人，可是蛮贼闹事，吵到大人睡觉？"

"哪来的蛮贼闹事？为什么不向我禀告？"

看到刺史脸上震惊的表情，从事一阵紧张，向柳宗元躬了躬身体："大人，我们并非有意瞒报，而是有两个原因。一是考虑到您上任才几天，从长安到这里，一路奔波，比较辛劳，我们也不忍打扰您休息。二是蛮贼扰民不是一天两天的事了，在您上任之前，他们就经常侵扰百姓，我们也是见怪不怪。这几天他们趁深夜聚集在城外，没有造成什么危害，最后也就散了，所以小的们也就没有向您禀报。"

"他们为什么经常闹事？"

"这就说来话长了。"

唐代时，岭南是汉人与蛮夷人杂居的地方。在广容之南，邕、桂之西，道州之南，南诏之东，绵延数千里的土地上居住着大量的蛮族，人称"西南蛮"。自唐高祖到唐玄宗时期，因为政治比较稳定，管理岭南的官员比较开明，所以蛮族与汉人相处比较和谐，较少发生动乱。但是自从安史之乱后，中原地区战争频繁，藩镇节度使各自为政，唐王朝只能把赋税征收的重心集中在南方，由此加重了岭南蛮族的负担，加上当地官吏的腐败，这就激起了蛮族的反抗。代宗时，以黄氏为首的西南蛮聚集了二十万人马反抗唐王朝，他们攻打官府，诛杀汉官，开仓分粮。三年时间内，攻占了方圆数千里的桂管十八州，并且建立了自己的政权，首领还自称为王。后来，唐王朝采用剿抚与招降结合的政策，平定了这次叛乱，但是西南蛮的反叛并未就此停歇，反而是越演越烈。

德宗贞元十年（794），黄洞蛮首领黄少卿叛乱，率众攻打邕、贵、党、横等州。邕观经略使孙公器上疏朝廷，奏请发岭南兵讨伐黄洞蛮，德宗不同意，只是派了宦官来招安，但是黄洞蛮拒绝归顺，继续攻城略地。唐王朝只好委任唐州刺史阳旻为容管招讨经略使，率领官兵与黄洞蛮作战。双方一日六七战，战况非常激烈。付出巨大代价后，唐军收复了所有被攻占的州府。但这依然没有彻底镇压西南蛮，他们有时骚扰官府，有时起兵反抗，这种局面，一直延续到柳宗元任柳州刺史的时候。

柳宗元对于南蛮的凶残早有耳闻，但是没有想到自己刚一上任，就遇到这样的事情，心头先是感到惊骇，接着又涌起一股义愤，想到自己作为州刺史，负有保卫州民安危的责任，绝不能放任蛮贼残害百姓。他叮嘱胥吏，如果以后蛮贼再来闹事，务必要向他禀告。

这天晚上，柳宗元正要宽衣入睡。突然听到胥吏来报，城外南蛮又来闹事，这次比之前还要严重。柳宗元立刻换上官服，下令召集其他府僚。他一边听胥吏汇报，一边匆忙赶往城楼。

越靠近城楼，越能清晰地听到城外传来的喧闹声。柳宗元登上城楼，放眼望去，只见郊野上人影幢幢，有人摇旗，有人呐喊，城楼下不远处，火把聚集尤多，站在中间的几个身材魁梧的壮汉，应该就是他们的首领。在壮汉前面跪着五六个人，身上绑着绳子，口中似乎在哀嚎求救。柳宗元转身问周围，跪着的是些什么人。一个官兵告诉他："大人，那些都是城里的百姓，白天出城砍柴的时候，被他们给绑了。"

柳宗元问："蛮贼这次侵犯州府，是为了什么？"

"刚才他们的首领说了，州府征收的赋税太重，他们无法生活。官军杀了他们很多族人，俘虏他们的子女去作奴隶。他们这次纠集族人，是来报仇的。"

柳宗元知道西南蛮对唐王朝积怨已久，这不是一朝一夕能缓解的事情。柳州城内的守卫力量有限，不能与他们硬碰，眼下只有先安抚这些蛮人。于是他令懂蛮语的小吏传话出去，要求他们释放被绑架的百姓，各自散去，不要再与官府为敌，官府可以既往不咎。小吏的话音刚落，蛮贼中就响起一阵叫嚣声，只见首领扬起手，身边的蛮人就挥刀杀了几个跪着的百姓，接着往城楼上投石射箭。柳宗元心下大怒："我来柳州时，曾立誓要善待百姓，做好父母官。这些蛮贼竟然敢当着我的面杀害无辜百姓，真是蔑视王法！"于是马上叫人召集城内所有士兵，他则与其他官员一起商讨击退蛮贼的对策。

柳州城内兵少，全部召集起来，也不过数百人。柳宗元为鼓舞士气，亲自上阵，呐喊擂鼓，为

柳宗元为鼓舞士气，亲自上阵，呐喊擂鼓，为士兵们助威。

士兵们助威。士兵们没有想到刺史一介书生，看似柔弱，却如此勇敢无畏，大受感动，于是奋不顾身地冲向敌人。蛮贼本以为城中兵弱，没想到却如此勇猛，他们人数虽多，但都是些乌合之众，很快就被官军打得四散逃亡。柳宗元救回那几个刀下余生的百姓，收兵回城。

蛮贼退后，柳宗元并没有感到松了一口气，反而觉得身上的责任更重。他想到，除了减轻州民的税赋外，恐怕最重要的还是要施行礼乐教化，引导这些蛮人向善慕仁，才能使地方安宁。

三

柳宗元办完公务后，偶尔会带上当地老吏同行，视察民情。这天正是当地的趁虚日，柳宗元带着老吏步行到市场，看到各个地方来的州民散落在市场各处，买卖农产品和手工织物，叽叽喳喳的声音此起彼伏，甚是热闹。突然，他看到市场的角落里聚集了四五个人，其中一个年轻人穿着破烂的衣服，双手双脚都被绑着，站在墙边，低头不语。在他旁边的则是一个壮年人，对着周围的人在说着什么。柳宗元感到好奇，指着人群问老吏："那边是在做什么？为何绑着人呢？"

老吏走过去，站在人群外听了一阵，便回来向柳宗元禀告："大人，绑着的人是奴隶，旁边那个壮年人，是他的主人。"

"奴隶？难道又是抢劫人口来贩卖的？"

老吏听到柳宗元的问话，觉得有点奇怪："敢问大人为什么说'又是'，难道大人此前见过吗？"

"我在永州的时候，听桂管从事杜周士说过一个故事，就是发生在柳州。有个农民的儿子叫区寄，他在牧牛的时候，突然遭遇两个强盗，被他们反绑双手，还用布囊塞住口。强盗要把区寄带到虚上去贩卖挣钱。区寄虽然只有十一岁，但是很聪明，在途中用计把两个强盗给杀了，并跑到州府去报案。当时的刺史是颜证，不知你可认识？颜刺史知晓了事情的来龙去脉之后，就赦免了区寄杀人之罪，并恢复了他的自由身。"

"大人所说的区寄，是很多年前的事了。不过这个奴仆，跟区寄的情况有些相似，可又不太一样，他不是被抢劫的。"

"那是为什么被卖做了奴隶？"

"大人有所不知，本州的百姓大都是把儿女当作自己的财货来看待的，经常把儿女抵押给他人，换取钱物。如果到期没有赎回，利息累加到跟本钱一样多的话，债主就把被抵押的小孩当作自己的奴隶，有些债主干脆把他们带到市场来卖掉。"

"按照大唐律令，以良人为奴婢来抵债，明知是良人而取为奴婢，都是犯法的。他们竟然敢公然买卖人口，难道以前的官府都坐视不管吗？"

"说来话长，这些人卖掉子女，也是有苦衷的。他们承受不起每年要交的各种税赋，官府又催得急，无路可走，他们就只好把自己的子女抵押去借债。开始还只是以抵押的名义，想的是等以后有钱了再赎回来，但赋税是每年都要交的，但凡遇到收成不好的时候，家里没有收入，不仅赎不回子女，明年的税也交不起了。之前的官府尝试过禁止买卖人口，但是最后都不了了之。"

柳宗元想到在永州遇到的捕蛇者，前不久的蛮贼作乱，不禁再次感叹苛政猛于虎。

老吏又说："您想，如果官府要禁止这些事情，那么赋税由谁来交呢？如果要赎回这些沦为奴隶的人，他们的父母向债主借的钱，总该要还的，那又由谁来还呢？"说到这里，老吏欲言又止，似乎有所顾虑。

柳宗元向他点了点头："你不用顾虑，继续说。"

老吏迟疑了一会，便继续说："大人，以往有些节度使或者刺史，他们自己也买这些奴隶，据说是带回去送给朝廷，或者贿赂那些贵人。这也是官府禁不了的原因之一。"

听到这里，柳宗元沉吟不语。他想，如果任由良人被卖为奴隶的话，籍簿上的户口就会减少，户口减少，则意味着其他在籍的百姓的赋税压力增加，这又会造成更加严重的问题。作为刺史，他有责任改变这个恶劣的风俗。于是柳宗元下令州里的官员马上去调查州境内因质押而沦为奴隶的情况。

情况调查清楚后，老吏拿着簿书来请示柳宗元如何处置，柳宗元仔细看了簿书，思考数日后，便召集州内各县官员议事。

"诸位，我今日召集大家来，想必大家也明白，我们要解决州内良民沦为奴隶之事。各县奴婢的人数、年岁、沦为奴婢的原因等，你们各自调查的时候也都清楚。如果我们放任这种恶俗而不加以阻止，那么就会有越来越多的良民被迫沦为奴婢，他们的子孙后代也将终生沦为奴婢。我们受朝廷信任，出任一州的官员，便需要时时刻刻把民生疾苦放在心里。如果不能让柳州的百姓安居乐业，不能让那些孩童免去被人买卖的恐惧，我们就是上负朝廷，下愧百姓，更对不起自己的良心。"

官员们纷纷点头："请教刺史，如何解决这个问题？"

"解决的办法，倒是不难。我大唐律令对于这个问题是有规定的，我们依律办事，凡是还在抵押期限内的，一律禁止没为奴婢。被抵押者，家里有钱的，可以拿钱赎回；如果钱款不够，被抵押人可以以雇佣的方式为放贷人劳作，赚取的佣金用来抵扣押金，自己赎身，如何？"

"如果放贷人不同意呢？"

"对这些人，我们要恩威并施，动之以情，晓之以理。如果他们还是不同意，我们就按照唐律，将他们绳之以法，要么流放，要么下狱。不能放任这种违法乱律的事情继续发生。"

"有些良民沦为奴婢很多年了，已经没有能力劳动，他们怎么劳作赎身呢？"

柳宗元沉思了一下，说道："这个问题我考虑过，我们也不能强求放贷人无条件释放他们，这部分赎金，就由本刺史来出。"

"由柳刺史出？"大家面面相觑，希望从他人眼神中得到肯定，自己没有听错。

"没错，从本刺史的俸禄中出。我要让百姓，尤其是要让那些放贷人知道，本刺史这么做，不是要谋求私利。他们都是我大唐子民，我作为一州刺史，也有责任保障他们在柳州境内自由而安乐地生活和劳作。"

很快，柳州城内以男女质钱的现象大大减少。桂管观察使裴行立了解这件事以后，认为这是解决这个顽疾的良方，把柳宗元的办法推广到岭南其他州县，一年之内，免去奴婢身份的人就有上千人。

又有一天，柳宗元发现一件怪事。那日，他从住所到公廨，经过路旁的一座无名小庙，见门口正围着一群人，庙里放着案台，案台上摆着一个牌位，牌位前面的炉子上燃着香烛，炉子前面摆着三禽，看样子是在祭祀。一个着装怪异、身材矮小的老妪，朝着牌位三跪九叩，口中念念有词，时不时围着旁边一个跪着的中年男子指手画脚，跳来跳去。男子脸上毫无血色，却大汗不止，惨白的嘴唇紧闭，目光呆滞。柳宗元以为这是祭祀祖先的仪式，也不多问，就离开了。

十来天后，柳宗元又经过这个小庙，见到了和上次一样的场景，只是案台上的三禽改成了猪。地上跪着的还是原来那个男子，但这次他却弯着腰，浑身发抖，几乎已经不能直立起来。柳宗元看到他的脸色已经蜡黄，身体看起来比之前差了很多。他带着满腹疑问到了公廨，招来本地的老吏，把看到的情形描述给他听。

老吏告诉柳宗元："那个男子是生病了，请来巫婆给他祈福治病。那个小庙也不是祭祀祖先用的，供奉的是当地人信奉的神。有人生病，常常会到这个地方举行这样的仪式。"

柳宗元诧异地问："患病为什么不去看郎中，求神拜鬼怎么能治病？"

"当地人就信这个。他们认为自己病了，是上天的惩罚，或者是招惹了鬼神，只有用这种方式，才能取得鬼神的原谅，然后治好病。"

"今天那个男子，病情不仅没有好转，身体反而更差了，说明这种方法不能治病，为什么还要继续求神问鬼呢？"

"这自有一套方法。病情比较严重的时候，他们会杀鸡、鹅来祈福，如果病情没有好转，就会杀猪祭祀，如果病情继续恶化，便会发展到杀牛杀马的地步。到了这个份上，病情如果还是不见好转，病人就会认为神不愿意宽恕他，不愿意解救他，于是就死心了。他就会向家人交代后事，然后以布蒙面，绝食自尽。"

柳宗元恍惚记得年少时曾在书上看到过这种记载，当时以为荒诞不经，不敢相信，没想到这种习俗确实存在。

"向鬼神祈祷来治病的方法是很荒唐的，这只会拖延病情，成为不治之症。同时还宰了那么多牲畜，柳州的户口减少，农田荒废，跟这个习俗恐怕也有些关系。"

老吏点点头说："前几任长官曾想改革这种风俗，但无论是好言相劝还是以刑法相逼，这些百姓都不愿意接受，结果也就可想而知。不过，这种现象很早以前就有，只是近来才变得严重。"

"这又是为什么？"

"小人听长辈们说，很久以前柳州城内有四座大寺庙，有三座在江南，一座在江北，江北的叫大云寺，据说是武则天时期兴建的。江南有六百多户人家，凡是祈福祷告，都到江南的寺庙中去。江北三百多户人家，就到大云寺去祈福。后来一场火灾，把大云寺给烧了，一直没有修复。大云寺就在大人说的那个小庙附近，现在还能看到大云寺遗址。"

"只看到小庙后面有一块荒地，杂草丛生。"

"正是那个地方。大云寺烧毁之后，江南的寺庙又太远，江北的百姓就失去了祈福祷告的去处。后来，他们就自己出钱修了这个小庙，里边供的是本地人信奉的神灵。"

"本刺史明白了，因为寺庙被毁，所以本地人立了新的神灵来祭拜。"

"确实如此。江北的百姓也曾请求官府重修大云寺，但当时的刺史都拒绝了，因为工程实在是巨大。"

"如果重建寺庙，这种风气应该能够得到改善，何乐而不为？"

柳宗元产生了重修大云寺的念头，但是考虑到兹事体大，尤其是耗费不少，刺史没有足够的权力做决断，于是他招来司功参军，说明情况后，吩咐道："参军可找人去测量大云寺旧址的广狭，调查可能涉及的州民房屋和土地，以及预估重修所需要的费用。我会根据这些情况，写一份状书，上递给桂管观察使裴行立，说明修建大云寺的构想、花费、目的等。时不我待，参军可速去办理此事。"

两年后，大云寺就在原址上修建起来了，从此江北的百姓祈福祷告也就有了去处，那种依靠装神弄鬼治病的风俗也改善了不少。

四

几年过去，柳宗元感觉自己的身体状况大不如前了。

元和十年（815）八月，也就是柳宗元上任柳州刺史的第二个月，素有上气病、来永州途中又感染了疟寒的柳宗直突然去世了。斯人已逝，柳宗元独自待在柳宗直的书房，书架上放着他昔日编纂的《汉书文章》，上面还有柳宗元写的序，想到他往日读书不倦的样子，以及兄弟俩在永州期间经常携手游山玩水的场景，忍不住泪如雨下。

柳宗直去世后，柳宗元身边最亲近的人，就只有柳宗一了。在这十来年的时间里，柳宗一一直追随着柳宗元，两人感情很深。柳宗直去世后，可与柳宗元说话的人越来越少了，柳宗一的陪伴便愈加珍贵。然而，在元和十一年（816）春天，柳宗一也要告别了，他将要动身去荆州。柳宗元虽然很不舍，但是想到堂弟已经成年，且为人好学聪慧，应该去寻找更为广阔的世界，而不是一直困在柳州，所以也就欣然同意了。

柳宗一启程那天，柳宗元送他到江边，两人执手相看，依依不舍。一时之间，昔日相与游乐的场景又涌上心头，柳宗元能想象得到此后一别自己的寂寞处境，不禁黯然神伤，写了一首《别舍弟宗一》：

零落残魂倍黯然，双垂别泪越江边。一身去国六千里，万死投荒十二年。桂岭瘴来云似墨，洞庭春尽水如天。欲知此后相思梦，长在荆门郢树烟。

柳宗一乘船远去，无边的孤独，从此伴随着滞留蛮荒之地的柳宗元。

岭南自古多瘴疠，传说人感染了瘴疠，非死即病，柳宗元难以适应这样的风土，加上公务操劳，作息不规律，堂弟柳宗直去世后没多久，柳宗元也感染了霍乱，上不能吐，下不能泄，腹部胀疼，疼得他冷汗淋漓。所幸的是，他得到了河南人房伟的盐汤方，服用之后，才渐渐痊愈。可是没多久，他又得了丁疮，患病的部位如同中箭，疼痛难受，每天躺在床上呻吟不已，熬了半个月，情况未见好转，反而越来越严重。周围的郎中都请遍了，却个个束手无策。

正当柳宗元以为自己要命丧黄泉的时候，出身河北长乐，慕名来柳州向柳宗元学习的贾宣伯给了他一个药方，两贴过后，柳宗元竟然痊愈了。

没想到的是，就在丁疮痊愈后次月的一个深夜，他的脚气病又发作了，而肋间肿胀如石，胸腹胀满，疼痛欲死。柳宗元昏迷了三天三夜，期间隐隐约约听到家人号哭的声音，但他浑身动弹不得，也无法说话。就当家人都以为柳宗元要死过去的时候，荥阳郑洵美带来一个药方，据说能治此症。仿佛看到了救星一般，柳宗元的家人马上按照药方配齐药材，煮汤给柳宗元喂服。所幸的是，刚服完药，柳宗元便感觉气息通畅，肿块逐渐消散，渐渐也能开口说话。看到柳宗元活过来了，一家人喜极而泣。

病是好了，人却瘦了一圈，步行几百步，便会感觉呼吸急促，头上的白发也越来越多。他感觉自己真的老了。

正是仲春时节，大雨过后的下午，柳宗元在庭院里闲坐，看到冬季仍然绿叶葱葱的榕树只剩下灰色的树枝，庭院里落满了榕叶。前几天开得茂盛的百花，没有经受住雨打风吹，纷纷凋零了。一声声莺啼，衬托得原本生机勃勃的庭院更加萧条，柳宗元内心的漂泊羁旅感油然而生。

南方的气候不同于中原，倘若不是这一声声莺啼，柳宗元怕是要把春天当秋天了。

虽然经历了三次病痛，柳宗元仍然关心朝廷大事，也积极履行刺史的职责，但是要重回长安的雄心渐渐淡了。来柳州这几年，身边的亲友，病故的病故，离开的离开，柳宗元渐渐变得形单影孤。他偶尔会写几封书信给远方的朋友互道相思，但这些安慰也慢慢失去了意义，他的内心渐渐麻木。柳州周围的山水颇有可游之处，柳宗元偶尔登上峨山，北望千山万岭之外的乡关。远望可以当归，但他还是无法满足于虚幻的想象，柳宗元登山玩水的心情也逐渐消失了。

他仍然爱好种植花草，在庭院里种了木斛花，也请人在柳州城西北角开辟了土地，亲手种植黄柑二百株。第二年春天的时候，他带着随从去巡视，发现柑园果树遍发新叶，绿油油的一片，长势颇为喜人。随从高兴地对柳宗元说道："再过几年，这些柑树就能开花结果了，到时候大人就可以享用滋味甜美的柑橘了。"听到这话，柳宗元也十分欣喜。但是他内心多少有点悲凉，难道真的要永远留在这里吗？他越来越觉得，自己可能回不到日思夜想的长安了。

元和十四年（819）十一月八日，柳宗元病逝。他终于没有回到北望了无数次的故乡长安，把自己的才华和抱负、期冀和梦想永远留在了柳州。

柳宗元
生平简表

● ◎ 唐代宗大历八年（773）

生于长安。

● ◎ 唐德宗兴元元年（784）

因泾原兵变，自长安赴鄂州夏口，投靠在当地做官的父亲柳镇，后随柳镇至长沙、江州。

● ◎ 贞元五年（789）

初次应进士举，落第。

●◎贞元九年（793）

第四次应进士举，及第，同年及第者有刘禹锡，二人结成终生挚友。五月，父亲柳镇卒于长安。

●◎贞元十二年（796）

第二次应博学宏词科，及第；与杨凭之女成婚。

●◎贞元十四年（798）

任集贤殿正字，次年八月，妻子杨氏卒。

●◎贞元十七年（801）

任京兆府蓝田县县尉，未赴任，留于京兆府，主要从事文书工作。

●◎贞元十九年（803）

自蓝田县尉升任监察御史里行。

◉◎贞元二十一年（805）

正月，德宗崩，太子李诵继位，即顺宗。柳宗元由监察御史里行升任礼部员外郎，参与"永贞革新"。八月，顺宗禅位，太子李纯继位，即宪宗。九月，因为与王叔文结交的缘故，被贬为韶州刺史，中途改贬为永州司马，年底到达贬所。同行者有其母亲卢氏及从弟柳宗直、内弟卢弘礼等；此后近十年时间，柳宗元一直任永州司马。

◉◎唐宪宗元和十年（815）

二月，被召回至京师。三月，授柳州刺史。赴任途中与刘禹锡同行，至衡阳，两人分别。六月，至柳州。七月，从弟宗直卒于柳州。

◉◎元和十四年（819）

卒于柳州，享年四十七岁。